JN437626

세상, 아름다운 사랑과 만나다

영원까지 함께한 세계인의 가슴 아픈 사랑이야기

김중섭 엮음

세상, 아름다운 사랑과 만나다

영원까지 함께한 세계인의 가슴 아픈 사랑이야기

발행 2013년 1월 6일 1쇄
2014년 12월 5일 2쇄

엮은이 김중섭
펴낸이 박민우
기획팀 송인성, 김선명, 박민하
편집팀 박우진, 박영숙, 김영주, 김정아, 최미라
관리팀 임선희, 정철호, 김성언, 라영일, 권주련
펴낸곳 (주)도서출판 하우
주소 서울시 중랑구 망우로68길 48
전화 (02)922-7090
팩스 (02)922-7092
홈페이지 http://www.hawoo.co.kr
e-mail hawoo@hawoo.co.kr
등록번호 제306-2004-22호

값 12,500원
ISBN 978-89-7699-934-4 03800

미술 작품 수록 임근우(林根右, 화가, 설치미술가. E-Mail: artlimgw@hanmail.net)

세상, 아름다운 사랑과 만나다

영원까지 함께한 세계인의 가슴 아픈 사랑이야기

김중섭 엮음

『세상, 아름다운 사랑과 만나다』를 엮으며

마음을 움직인다는 것, 우리는 그것을 감동이라고 부릅니다. 감동은 큰일에서만 오지 않습니다. 오히려 우리는 사소한 일에서 더 큰 감동과 행복을 느끼곤 합니다.

가르치는 사람들에게 감동은 학생과의 만남에서 비롯되는 경우가 많습니다. 학생의 눈빛이나 말 한마디 그리고 하루하루 자라나는 모습들을 통해 가르치는 사람도 자라게 됩니다.

외국 학생을 가르치는 경우에는 더 많은 이야깃거리들이 있습니다. 한 마디의 한국어도 못하던 학생들이 하나씩 단어를 외워가고, 더듬거리면서 자신의 생각을 표현하는 것을 볼 때, 큰 감동이 밀려옵니다.

이렇게 힘들게 한국어를 배웠던 외국인 제자들과 같이 책을 냈습니다. 그들 나라의 슬프고 아름다운 사랑의 이야기들을 한국어로 엮는 것입니다. 슬픈 이야기, 아름다운 이야기는 세계 어느 나라에서나 찾아볼 수 있는 공통의 이야기입니다. 이야기 속에서 슬픔과 행복을 느끼는 것은 인간 본연의 정서를 일깨우는 일입니다. 인간이 느끼는 보편적인 감정들이 세계 각국에서 온 외국인 제자들의 마음을 거쳐 한국어로 다시 태어나게 되었습니다. 외국인 제자들의 글을 읽으면서,

외국인 제자들이 기억해 낸 이야기를 엮으면서 저 역시 행복해졌습니다. 그들을 통해서 나온 이야기를 자연스러운 한국어 표현으로 고쳤습니다. 하지만 그들의 마음은 그대로 살리려 노력했습니다.

이 책은 외국인 학생들과 저에게 좋은 사랑의 연결고리가 될 것입니다. 그리고 이 책을 읽는 사람들 모두에게 이 이야기들이 사랑에 대한 따뜻한 기억으로 남을 것입니다.

여러 사람의 생각을 글로 정리하느라 고생한 이명귀 선생과 양지선 선생, 이지혜 선생, 석진주 선생, 그리고 짧은 준비 기간에도 불구하고 정성껏 책을 만들어 주신 하우 출판사 박민우 사장님께도 감사의 뜻을 전합니다.

2013년 겨울,

김중섭 (경희대학교 국제교육원장, 국어국문학과 교수)

차례

2부. 진정한 사랑의 묘약

3부. 세 송이의 에델바이스

4부. 하늘이 맺어준 사랑

Love is merely madness.

사랑은 그저 미친 짓이에요.

William Shakespeare

1부.
우리, 사랑하게 해 주세요

영원까지 함께한 사랑

에티오피아

이 이야기는 에티오피아 근대문학에서 가장 전형적인 러브스토리로 알려져 있다. 작가는 하디스 알레마예후(Haddis Alemayehu, 1910~2003)로 에티오피아 전 외무 장관을 지낸 유명 작가이다.

에티오피아가 봉건제도의 지배를 강하게 받던 시절, 북부 지방 '고잠-다모트'라는 지역에 한 귀족이 살고 있었다. 그 귀족은 매새사라고 불렸는데 최전방 지역의 지휘관인 그에게는 아름답고 사랑스러운 딸, 셉레원겔이 있었다.

매새사는 25살이 된 셉레원겔의 혼사를 두고 많은 고민을 하고 있었다. 당시 에티오피아에서는 조혼이 성행했기 때문에 셉레원겔은 결혼할 시기를 놓친 노처녀였다.

매새사는 결혼을 서두르면서도 가문의 내력에 누를 끼치지 않을 좋은 집안의 사위를 얻어야 했기 때문에 걱정이 이만저만이 아니었다.

특히 매새사와 그의 부인 트루아이넷은 나라의 지위나 가문의 내력을 지켜 나가야 할 자신들의 딸이 혹시나 하급 계층과 눈이 맞아 결혼하면 어떡하나 늘 경계를 하며 딸을 지켜보고 있었다.

한편, 앗세게라는 중년의 지휘관이 있었는데, 그의 셉레원겔과 결혼하기를 원해 매새사를 통해 결혼을 신청했다. 그러나 그의 결혼 신청은 다소 무례했다. 왜냐하면 그는 셉레원겔의 나이를 보고 당연히 한 번 결혼을 했다가 이혼한 여자일 거라 지레짐작을 하고 매새사에게 이혼녀인 당신의 딸을 내가 책임지겠다는 식으로 청혼을 했기 때문이다.

나중에 셉레원겔이 처녀라는 사실을 알게 된 앗세게는 자신의 잘못을 인정하고 매새사 가문과의 화해를 요청했다. 그러나 매새사는 화가 난 나머지 앗세게의 사과를 받아들이지 않았다.

이런 일이 있은 후 매새사는 딸의 교육을 위해 가정교사 두기를 희망했다. 그는 이왕이면 가문도 좋고, 사회적인 명망도 있는 학자를 구하고 싶어 했다. 그때 마침 트루아이넷은 가문이 좋고 사람들에게 존경도 받는 사람이 있다는 소식을 듣고, 그를 가정교사로 채용할 것을 남편에게 권유하였다. 그런데 채용한 후에 알고 보니, 그 가정교사는 학식도 풍부하고 존경을 받는 인물임에는 틀림이 없었으나 평민 집안의 출신이라 부부는 잠시 고민을 하지 않을 수 없었다.

매새사 부부는 그들이 항상 중요하게 생각해 왔던 부분에 문제가 있어서 좀 망설이기는 했지만, 사람이 너무나 좋아 보여 해고시키지 않고 그대로 가정교사 일을 하도록 하였다. 그러나 이 무슨 운명의 장난인지 어느새 셉레원겔과 가정교사 사이에 사랑이 싹트게 되었다. 그러나 두 사람은 그 누구에게도 그 사실을 말할 수 없었다. 신분의 벽에 막혀 이루어질 수 없는 사랑임을 누구보다도 잘 알고 있었기 때문이다.

하지만 이 둘의 사랑을 아는 사람이 딱 한 명 있었으니, 그는 셉레원겔의 사촌인 구드가사였다. 구드가사는 사람들로부터 '미친 사람' 취급을 받고 있었다. 그러나 그는 다만 시대에 적응하지 못했을 뿐, 오히려 시대를 앞서가는 진보적인 사고를 가진 사람이었다. 현실에 적응하지 못했으므로 그는 세상과 타협하기를 거부하고 차라리 바보짓을 하는 것이 마음이 편하다고 생각했다. 가정교사와 절친한 친구 사이였던 구드가사는 친구와 마음을 터놓고 지내고 있었다. 또 사촌인 셉레원겔과도 사이가 좋다 보니 그들의 사랑 이야기를 자연스럽게 알게 되었다.

두 사람의 사랑이 비밀스럽게 계속되고 있던 어느 날, 구드가사는 술을 마시러 선술집에 들르게 되었다. 그 선술집에는 매새사와 원수지간이 된 앗세게도 있었는데, 놀랍게도 그는 아직까지 셉레원겔에 대한 마음을 지우지 못한 나머지 그녀를 몰래 납치할 계획을 세우고 있는 중이었다. 당시 에티오피아에서는 여성을 몰래 데려가서 신부로 삼는 것이 사회적으로 용인되던 때였다.

구드가사는 이러한 사실을 알고 다른 사람들에게 알렸다. 그러나 앗세게를 포함해 당시 모든 사람들이 구두가사를 미친 사람처럼 취급하고 있었기 때문에 누구 하나도 그를 신경 쓰지 않았다.

집으로 돌아온 구드가사는 즉시 이 사실을 친구인 가정교사에게 알렸다. 가정교사와 셉레원겔은 그 사실을 알고 깊은 고민에 빠졌다.

가정교사와 셉레원겔은 이루어질 수 없는 사랑을 하고 있다는 것을 서로가 너무나 잘 알고 있었다. 가정교사는 셉레원겔에게 차라리 앗세게한테 시집을 가 행복하게 살라고 마음에도 없는 말을 하기도 했다. 그러나 셉레원겔은 그럴 수는 없다며 같이 도망가기를 제안했다. 결국 두 사람은 도망을 결심하고 집을 떠났다.

집을 떠난 그들은 머나먼 길을 외로이 여행하다가 인적이 드문 사원에 정착하여 조용한 생활을 하게 되었다. 두 사람은 부모님을 속이고 도망친 것에 죄책감이 들었다. 그러나 그 죄스러움도 두 사람이 함께 있을 수 있다는 꿈같은 사실을 떠올리면 금새 자취를 감췄다.

하지만 그 행복도 잠시, 셉레원겔은 가정교사와 도망쳐 나오면서 마음고생을 많이 한 탓인지 안타깝게도 지병이었던 심장병이 악화되어 목숨을 잃게 되었다.

연인을 잃은 가정교사는 너무도 슬픈 나머지 두 달여 동안 슬픔에 잠겨 있었다. 그러다 더 이상 버티지 못하고 그 역시 셉레원겔을 따라 세상을 뜨게 되었다.

그 후, 가정교사와 셉레원겔의 슬프고도 애틋한 사랑 이야기를 아는 주위 사람들은 이 둘이 저승에서나마 오래오래 행복하게 살라고 함께 땅에 묻어 주었다고 한다.

그즈 구유이예

우리, 사랑하게 해주세요

키르기스스탄

키르기스스탄어로 신랑과 신부를 의미하는 '그즈 구유이예'라는 작은 마을에는 예쁘기로 소문난 칸의 딸과, 가난하지만 마음이 부드러운 한 목동의 사랑 이야기가 전해 온다. 칸의 반대로 끝내 이루지 못한 안타까운 사랑 이야기는 아름답고 슬픈 전설로 전해져 후대 사람들의 심금을 울리고 있다.

아주 오랜 옛날, '보옴'(계곡이란 뜻) 북쪽에 '촌 케민'이라는 영토를 다스리는 칸에게 예쁜 딸이 하나 있었다고 한다. 이 딸은 효성이 지극하고 그 지역에서 예쁘기로 소문난, 어디 하나 나무랄 데 없는 아가씨였다.

그런데 칸의 딸은 가난하지만 젊고 마음이 통하는 목동을 사랑하고 있었다. 목동은 비록 가진 것이 없었지만 두 사람은 행복하고 즐거운 시간을 함께 보내며 서로가 영원히 함께할 것을 굳게 믿고 있었다.

하지만 칸은 자신의 딸을 네 명의 아내를 가진 돈 많고 늙은 대지주에게 시집보내려고 준비하고 있었다. 이를 눈치 챈 딸은 당황스러웠고 자신에게 한 마디 말없이 오직 돈 때문에 늙은 지주에게 시집보내려는 아버지가 야속하게만 느껴졌다.

딸은 목동을 사랑하고 있다고 칸에게 말하고 싶었다. 그러나 그렇게 말했다간 불호령이 떨어질 게 뻔했다. 딸은 벙어리 냉가슴 앓듯 아무 말도 못하고 가시방석 같은 하루하루를 보내고 있었다.

그러던 어느 날, 자신의 딸이 가난한 남자를 사랑하고 있다는 것을 눈치 챈 아버지는 어림없는 일이라며 딸을 혼냈다. 하지만 그럼에도 불구하고 딸이 기어코 자신의 뜻을 거역하려 하자 칸은 화가 머리끝까지 났다.

더 이상 두고 볼 수 없다고 생각한 칸은 딸과 가난한 목동을 헤어지게 할 방법을 찾기 위해 몰두했다.

아버지가 자신들을 갈라놓으려 한다는 것을 알게 된 딸과 목동은 칸의 분노를 피해 도망가기로 결심했다. 그 길만이 서로가 영원히 함께할 수 있는 길이라 생각했기 때문이다.

'그즈 구유이예'에 있는 '이쓱 쿨'(키르기스스탄에서 가장 큰 호수)이라는 곳으로 떠나기로 정한 후에, 두 사람은 아무도 모르게 밤에 몰래 만나 조용히 새로운 삶을 찾아 떠났다.

잠결에 문득 이상한 기운을 느낀 칸은 딸의 방을 확인했다. 당연히 방은 비어 있었고, 칸은 곧 자신의 딸이 가난한 목동과 함께 도망갔다는 것을 알아차렸다. 그는 곧바로 노련한 기마부대에게 이 둘을 추격하도록 명령했다. 칸은 기마부대 군인들에게 당부했다.

"혹시나 내 딸이 오지 않겠다고 고집부리더라도 강제로 끌고 오게. 단 내 딸이 다치지는 않도록 조심해야 되네."

그리고 이 말도 덧붙였다.

"그리고 딸하고 같이 있는 목동은 반드시 죽이도록 하게."

칸의 기마부대는 '이쓱 쿨'까지 두 사람을 빠르게 추격해 왔다. 목동과 칸의 딸은 잡히지 않으려고 있는 힘껏 달렸지만 역부족이었다. 더 이상은 도망갈 수도, 기마부대를 피할 수도 없다는 것을 알게 된 두 사람은 안타까운 눈으로 서로를 바라보았다.

만약 기마부대에 잡히면 앞으로는 서로가 이별의 상처를 안고 가슴 아픈 삶을 살아가야 할 것이다. 딸과 목동은 그렇게 사느니 차라리 영원히 함께할 수 있는 길을 택하기로 결심했다.

하지만 그럴 수 있는 방법은 오직 죽음뿐. 두 사람은 죽어 다른 세상에서 다시 만날 것을 약속하며 서로를 끌어안은 채 거친 계류를 향해 절벽에서 뛰어내렸다.

기마부대를 통해 딸의 안타까운 소식을 듣게 된 칸은 땅을 치며 통곡을 했다. 두 사람의 사랑을 인정하지 않고 매몰차게 반대한 자신을 탓하며 후회했지만 이미 너무 늦어버렸다. 칸은 평생 동안 딸의 죽음에 마음 아파하면서 용서를 비는 마음으로 살다가 쓸쓸히 생을 마쳤다.

오치르태 고르왕

내 마음은 오직 한 사람의 것

몽골

몽골인 윤뎅은 하층민의 고달픈 삶 속에서도 사랑하는 연인, 낭살마를 위해 열심히 살아가는 청년이었다. 귀족들의 온갖 억압과 강탈, 그리고 아무리 일을 해도 감당하기 어려운 세금 때문에 하층민들은 삶이 고달팠지만, 이 모든 어려움들도 낭살마와 함께 행복을 키워가려는 윤뎅의 꿈을 가로막지는 못했다.

윤뎅은 낭살마와 결혼하여 예쁜 아이들을 낳고 가축들을 키우며 넉넉하지는 않아도 행복하게 오순도순 살아갈 그런 날만을 꿈꾸며 열심히 일했다. 낭살마 역시 윤뎅을 믿고 의지하며 사랑의 결실을 맺을 그 날만을 기다리고 있었다.

어느 날, 낭살마와 함께 길을 걷던 윤뎅은 한 쌍의 새를 가리키며 낭살마에게 말했다.

"우리도 저 한 쌍의 새들처럼 함께 살아갑시다. 두 사람이 함께하는 것보다 더 큰 행복이 어디 있겠습니까? 부디 저와 결혼해 주십시오."

간절하게 기다리던 윤뎅의 청혼에 낭살마도 기쁨을 감추지 못하고 환한 웃음으로 답을 대신했다. 결혼을 약속한 두 사람은 설레는 마음으로 결혼식을 준비하며 세상에서 가장 행복한 시간을 보내고 있었다.

한편 윤뎅과 낭살마가 살고 있는 마을의 귀족인 발강 역시 마을에서 가장 아름다운 낭살마를 오래 전부터 마음에 두고 있었다. 사실 발강은 원한다면 얼마든지 강제적으로 낭살마를 끌고 올 수 있었지만 그러기엔 발강의 자존심이 허락하지 않았다.

"언젠가는 낭살마가 내 발밑에 무릎을 꿇고 사랑해 달라고 애원할 날이 올 것이다."

이렇게 되뇌며 발강은 낭살마의 환심을 사기 위해 온갖 노력을 기울였다. 하지만 낭살마는 발강이 보내는 화려한 보석, 달콤한 언약 등에 눈길 한 번 주지 않은 채 자신의 사랑을 꿋꿋이 지켜 나갔다.

온갖 노력에도 낭살마의 마음을 돌리지 못하자 발강은 술에 취해 낭살마의 집으로 찾아갔다. 발강은 칼로 위협하며 낭살마를 겁탈하려 했지만 낭살마는 품 속에서 칼을 꺼내 자신의 목에 겨눴다.

"전 결혼을 약속한 사람이 있습니다. 만약 제 몸에 손끝 하나라도 대신다면 전 이 자리에서 자결하겠습니다."

사랑하는 낭살마를 죽게 할 수는 없고 자신의 뜻을 이루지도 못해 이성을 잃은 발강은 소리를 지르며 날뛰었다. 그때 마침 윤뎅이 낭살마를 찾아 왔다가 옷이 반쯤 풀어진 자신의 연인과 칼을 들고 날뛰고 있는 발강의 뒷모습을 보았다. 어떤 상황인지를 단번에 알아차린 윤뎅은 달려가 발강의 칼을 빼앗고, 발강을 잡아 힘껏 내동댕이쳤다. 낭살마를 얻고자 하는 욕구도 이루지 못하고 하층민인 윤뎅에게까지 망신을 당하자 발강은 머리끝까지 약이 올랐다.

"천한 것들이 감히 나에게 이런 행동을 해? 두고 보자. 반드시 후회할 날이 올 것이다."

집으로 돌아온 발강은 복수심에 불타올라 윤뎅을 죽이고 낭살마를 강제로 끌고 올 계획을 준비했다.

한편 윤뎅과 낭살마는 정부 관리에게 찾아가 발강의 행동을 신고했지만, 이미 발강에게 매수된 정부 관리는 윤뎅과 낭살마을 돕기는 커녕 두 사람에게 귀족을 모함하려 한다는 죄를 덮어씌우려고 했다.

"귀족을 모함하는 게 얼마나 큰 죄인지 아느냐? 귀하신 발강 나리께서 너희같이 천한 인간들에게 그런 행동을 했다니. 그 말을 지금 나더러 믿으라는 말이냐?"

두 사람은 관청 외에는 더 이상 의지할 곳이 없었기 때문에 망연자실했지만 윤뎅은 스스로 낭살마를 지키겠다고 결심했다. 이에 낭살마의 집으로 돌아온 윤뎅은 집 한 쪽에 자신의 거처를 마련하고 혹시 모를 상황에 대비해 낫이며 곡괭이 등을 준비해 두었다.

낭살마는 이런 상황이 무섭기도 했지만 자신을 위해 애쓰는 듬직한 윤뎅의 모습을 보며,

"아무 일도 없을 거야. 잘 될 거야."

라는 말로 자신의 마음을 달랬다.

한편, 발강은 낭살마를 납치하기 위해 그의 부하들을 데리고 낭살마의 집으로 향했다. 발강이 낭살마의 집에 도착했을 때 윤뎅은 마침 식량을 구하러 잠시 집을 비운 상태였다. 낭살마는 끌려가지 않기 위해 격렬하게 저항을 했으나 여자의 힘으로는 남자 여럿을 감당할 수 없었기에 어쩔 수 없이 발강의 부하들에게 끌려가게 되었다. 발강은 후환을 없애기 위해 윤뎅을 죽이기로 작정하고, 부하 5명과 낭살마의 집에 남아 윤뎅을 기다렸다. 윤뎅이 문을 열고 들어서는 순간 부하 5명이 달려들어 윤뎅을 포박하고 발강의 발 아래에 무릎을 꿇렸다.

"이제라도 낭살마를 포기하고 나에게 용서를 빈다면 목숨만은 살려 주겠다."

윤뎅은 발강의 말에 발강의 얼굴을 향해 침을 뱉으며 저항했다.

"너에게 용서를 비느니 차라리 이 자리에서 떳떳한 죽음을 맞을 것이다. 비록 네가 낭살마의 몸을 가질 수 있을지언정 마음을 얻지는 못할 것이다."

화가 머리 끝까지 치민 발강은 부하의 칼을 빼앗아 윤뎅의 목을 쳤고 윤뎅은 그 자리에서 세상을 떠나고 말았다. 발강은 집으로 돌아와 낭살마에게 윤뎅을 죽인 사실을 숨기고 자신과 결혼하지 않으면 윤뎅을 죽이겠다는 말로 낭살마의 마음을 돌리려 했다. 낭살마는 발강과 부부가 되는 것이 죽음보다 싫었지만 사랑하는 연인의 생명을 구하기 위해 결국 발강과의 결혼을 승낙하게 되었다.

"윤뎅, 비록 제 몸은 당신과 함께 있을 수 없지만 제 마음은 언제나 당신과 함께 있을 거예요."

드디어 결혼식을 올리는 날, 발강은 자신의 성에서 열리는 결혼식에 모든 마을 주민을 불러 모았다. 온갖 술과 음식, 화려한 무희들의 춤과 큰 소리로 울려퍼지는 음악까지 결혼식은 그야말로 성대했다. 화려한 드레스를 입은 아름다운 낭살마는 혹시라도 윤뎅을 볼 수 있을까 하여 주위를 두리번거렸으나 그 어디에서도 윤뎅의 모습은 보이지 않았다.

그러는 중에 결혼식 차례가 다가왔다. 발강이 낭살마의 손에 반지를 끼워주는 순간, 아래에서 이 모든 광경을 지켜보고 있던 윤뎅의 친구가 낭살마가 윤뎅을 배신하고 발강과 결혼하려고 하는 줄 알고 낭살마에게 욕을 퍼부었다.

"이 더러운 여자야, 윤뎅을 죽이고 네가 귀족과 결혼을 해?"

이 말을 듣는 순간 낭살마는 모든 상황을 깨달았다. 그리고 눈물을 흩뿌리며 성 위로 달려 올라갔다. 발강의 간절한 만류에도 불구하고 낭살마는 그를 원망의 눈초리로 쳐다본 후 곧바로 성 아래로 몸을 던져 스스로 목숨을 끊고 말았다. 저세상에서라도 사랑하는 윤뎅과 함께 행복하게 살 수 있기를 간절히 바라면서…….

오나쯔 세이주로

일본

일본 하리마의 무로쯔라는 곳에서 세이자에몬이라는 남자가 술을 팔며 살고 있었다. 세이자에몬은 가게의 장사가 번창하고 있는 데다가 세이주로(清十郎)라는 잘 생긴 아들도 있고 해서 남부러울 것이 없었다. 그러나 세이자에몬의 아들 세이주로는 말로 형용할 수 없을 만큼 잘 생겨서 여자들에게 인기는 많았지만 그 때문인지 여자를 무척 밝혔다. 때문에 그는 열네 살 가을부터 아버지의 돈을 물 쓰듯 쓰고 무로쯔에 있는 유녀(遊女)라면 밤을 같이 한 적이 없는 유녀가 없을 정도로 방탕했다. 그런데 그가 19살이 되었을 때 더 이상 아들의 방탕을 참을 수 없게 된 아버지는 세이주로와 의절해 버렸다. 그렇게 돌아갈 집도 없어지고 돈도 없어진 세이주로를 보고 주위에 있던 여자들은 하나둘 세이주로를 떠나버렸다.

세이주로는 낙담한 나머지 자살까지 생각했지만 그대로 끝까지 세이주로의 곁을 지켰던 한 사람이 그의 자살을 막았다. 그는 세이주로에게 히메지에 있는 타지마야라는 가게를 소개해 주었고 세이주로는 그곳에서 일하게 되었다.

세이주로는 열심히 일했다. 원래 잘생기고 머리도 좋은 편이었기 때문에 가게 주인도 세이주로를 예뻐했다. 그런데 이 가게의 주인, 우에몬에게는 오나쯔라는 딸이 있었다. 오나쯔는 아주 예쁘고 젊은 아가씨였지만, 지금까지 남자에 대해서는 도무지 관심이 없었기 때문에 아직 누구와도 결혼 이야기가 없었다.

어느 날 오나쯔는 세이주로의 옷에서 떨어진 몇 개의 편지를 보았다. 호기심에 열어 보니 그것들은 모두 유녀들이 보낸 것이었다. 그런데 유녀들의 사탕발림이 아닌, 진실한 생각이 적혀 있는 편지들을 보고 오나쯔는 무척 놀랐다. 거리의 여자들에게서조차 이렇게 깊은 사랑을 받은 사람이라면 나쁜 사람은 아닐 거라는 생각이 들었기 때문이다.

세이주로가 얼마나 여자들에게서 많은 사랑을 받아왔었는지를 알게 된 오나쯔는 세이주로를 유심히 지켜보게 되었고 그 관심이 사랑으로 번지게 되었다. 그리고 세이주로 역시 예쁜 오나쯔를 보고 마음이 끌리기 시작했다.

하지만 아무리 과거에 부잣집 아들이었다고 해도 지금은 고용살이로 살고 있는 세이주로와 주인의 딸인 오나쯔가 쉽사리 결혼할 수 있을 리 만무했다. 어머니가 두 사람을 자꾸 감시하고 있었기 때문에 오나쯔와 세이주로는 같이 만날 시간도, 기회도 전혀 없었다. 마침내 두 사람은 사랑의 도피를 결심하기에 이르렀다.

지금처럼 유복한 생활을 하지는 못하겠지만 같이 있을 수만 있다면 행복할 거라고 생각한 두 사람은 멀리 가는 배를 탔다. 하지만 공교롭게도 어느 장사꾼이 소중한 물건을 집에 놓고 왔다고 하는 바람에 배는 다시 항구로 돌아가게 되었다. 하지만 그것은 사실 두 사람의 도피를 눈치 챈 가게 주인의 계략이었다.

항구에 도착하자마자 항구에서 기다리고 있던 추격자들이 배에 올라탔다. 추격자들은 오나쯔를 가마에 태우고 세이주로를 새끼줄로 묶었다. 투옥된 세이주로는 눈물을 흘리면서 오나쯔를 불렀다. 오나쯔를 만나고 싶은 마음이 너무 커서 목숨을 끊을 수도 없었다. 울면서 오나쯔를 보게 해달라고 계속 애원하는 세이주로의 모습을 보고 파수꾼마저 동정하며 눈물을 흘렸다.

오나쯔는 7일 동안 식사를 하지 않고 세이주로를 다시 만날 수 있도록 줄곧 신께 기도했지만 상황은 더 악화되었다. 오나쯔 아버지의 가게에 있던 돈 700냥이 없어진 것에 대한 이야기가 나돌면서 세이주로가 그 돈을 훔쳤다는 이야기도 자연스레 흘러나왔기 때문이다. 세이주로는 700냥을 훔치지 않았다고 계속 주장했지만 주인의 딸을 데리고 떠난 사실이 있었기 때문에 관청에서는 세이주로의 말을 믿으려 하지 않았다.

마침내 세이주로는 하지도 않은 죄를 뒤집어쓰고 절도죄를 엄하게 다스리던 당시의 법에 따라 25살의 나이로 처형되었다. 이 모습을 지켜 본 사람들의 눈에서 눈물이 주체할 수 없을 정도로 흘러나왔다.

그런데 세이주로가 죽은 며칠 후, 가게 안에서 700냥이 나왔다.

“모두들 이 일은 밖으로 새어나가지 않도록 조심해야 한다.”

주인은 엄한 얼굴로 못을 박듯 힘주어 말했다.

사람들 역시 오나쯔를 염려하여 오나쯔에게 세이주로의 죽음을 알려 주지 않았다. 그러나 어느 날 오나쯔는 골목에서 놀고 있는 아이들의 노래 가사를 듣고 세이주로가 처형되었음을 알게 되었다.

오나쯔는 몹시 슬퍼하였다. 슬픔을 이기지 못하고 매일 실의에 빠져 있던 오나쯔는 기어이 실성하고 말았다. 아무 생각 없이 밖으로 나가서 거리를 방황하며

‘아, 저기 있는 저 사람이 세이주로가 아닐까?’

라며 큰 소리로 노래를 부르거나 갑자기 웃음을 터뜨렸다. 예전의 예쁜 모습도 다 사라지고 남은 것은 초라한 행색의 추한 몰골뿐이었다.

한편 세이주로와 친하게 지낸 사람들은 처형자의 무덤을 만드는 것을 금지한다는 관례에 따라 세이주로의 무덤을 만들어 줄 수 없었다. 대신에 세이주로가 처형된 곳에 그의 시체를 묻은 후, 징표로 나무를 심고 ‘세이주로총’이라고 이름지어 주었다.

어느 날, 오나쯔는 거리를 방황하다가 세이주로총을 보고 조금씩 제정신을 되찾았다. 그후 오나쯔는 밤마다 거기에 가서 공양을 하였다. 세이주로가 죽은 지 100일이 되었을 때, 오나쯔는 자신도 죽으려고 했다. 하지만 가까이에서 숨어 보고 있던 시녀가 오나쯔를 말렸다.

“지금 죽어 무슨 도움이 될 것입니까? 세이주로 님을 그렇게 사랑하고 있다면 출가하세요. 출가해서 세이주로 님의 명복을 기도드리세

요. 저희도 아가씨를 따라 출가하겠습니다."

이 말을 듣고 오나쯔는 바로 속세를 떠나 출가했다. 오나쯔는 매일 반복되는 수행의 고난을 참고 오직 세이주로를 위해 기도했다.

그리고 그런 딸의 모습을 안쓰럽게 바라보던 오나쯔의 아버지 역시 세이주로에게 누명을 씌운 자신의 죄를 깨닫고 크게 후회했다. 그리하여 세이주로의 죽음을 불러 온 700냥을 모두 다 세이주로의 공양을 위해 바쳤다.

타히르와 주크라

우즈베키스탄

옛날 어느 나라에 바바한이라는 부유한 왕이 살았다. 그는 모든 것을 가지고 있었지만, 자식은 얻지 못했다. 세월이 흐르고 흘러 왕은 사람에 대한 믿음을 잃고 신의 은총 또한 바라지 않게 되었다.

어느 날 왕은 총리와 산책을 하다가 길에서 늙은 거지를 만났는데, 그 거지가 말했다.

"나에게 금 천 냥을 주는 사람을 위해 나는 그 사람의 가장 간절한 소원이 이루어지도록 기도할 것입니다."

거지가 하는 말을 듣고 왕은 그에게 금을 주었고, 마음속으로 자식이 생겼으면 하고 바랐다. 왕과 총리가 정원에 도착했을 때, 그들은 흰 옷을 입은 사람을 발견했다.

그 사람은 왕에게,

"당신은 자식이 없어 매우 슬퍼하고 있군요. 그러나 걱정하지 마

십시오. 당신에게 곧 아이가 생기게 될 것입니다."라고 말했다. 그리고 왕과 총리에게,

"만약 왕과 총리님께 각자 아들이 생긴다면 그들은 죽을 때까지 우애가 좋을 거고, 만약 각자 딸을 낳게 된다면 서로 무척 아끼게 될 거요. 또 한 사람이 아들을 다른 한 사람이 딸을 갖게 되면 그들은 서로 사랑하게 될 것입니다. 그리고 만약 그들의 사랑을 반대하면 그들은 죽을 수도 있습니다."라고 말했다.

이 말을 들은 왕은 총리에게,

"만약 나에게 딸이 생기면 그대의 아들을 사위로 맞겠노라."고 공언했다.

그러자 총리는,

"어떻게 이렇게 미천한 저의 자식을 사위로 맞을 수 있겠습니까?"라고 말했으나 왕은 총리에게 그의 아들을 사위로 맞겠다고 굳게 약속했다.

늙은 거지의 기도 때문이었을까. 아홉 달 후 왕은 꿈에도 그리던 딸을 갖게 되었다. 왕은 딸의 이름을 주크라라고 지었다. 마침 총리에게는 아들이 태어났는데, 그에게는 타히르라는 이름을 붙였다. 두 살 때부터 주크라와 타히르는 남매처럼 사이좋게 지냈다. 타히르가 일곱 살이 되었을 때 총리가 세상을 떠났지만 왕의 배려로 그 후로도 그들은 늘 함께 지냈다.

세월이 흘러 주크라와 타히르가 점차 나이가 들고 성숙해지자 이

제 두 사람은 더 이상 친구가 아닌 연인 사이가 되었으며 서로를 진심으로 사랑하게 되었다.

하지만 타히르는 자신이 주크라와 함께 행복해질 수 있을지 걱정스러웠다.

타히르가,

"너는 공주인데, 왕이 나를 사위로 받아들이지 않으면 어떻게 하지?"라고 말하자,

"걱정하지 마. 우리 아빠는 하나밖에 없는 딸을 불행하게 만들지는 않을 거야."라고 주크라가 웃으며 말했다.

주크라와 타히르는 함께 악기를 배워 서로에게 사랑의 노래를 불러주었다. 어느 친절한 사람은 아름다운 시로 그들의 행복을 빌어주었고 심지어 하늘의 새들도, 땅 속의 개미들도 그들의 사랑을 축복했다.

그러나 오직 한 사람, 주크라의 어머니인 왕비는 둘의 사이를 반대하였다. 왕비는 그들의 결혼은 있을 수 없는 일이라면서 완강히 반대했다. 왕은 지난 날 총리에게 했던 약속을 지키려고 왕비를 설득하려 하였으나, 왕비의 극심한 반대에 마침내 손을 들고 말았다. 그리고 왕은 어느 날 주크라에게 타히르와 그만 만나라고 명하였다.

주크라는 너무도 슬픈 나머지 하루하루를 눈물로 지냈다. 그러던 어느 날 주크라는 왕에게 동쪽과 서쪽이 교차하는 지점에 궁전을 지어달라고 부탁했다. 그곳에서 상인들의 행렬을 바라보며 슬픔을 달래고자 한 것이었다. 왕은 사랑하는 사람과 생이별한 딸을 불쌍히 여겨

그녀의 소원을 들어주었다.

어떻게 알았는지 하루는 타히르가 주크라가 있는 궁전의 창가에 와서 사랑의 노래를 부르기 시작했다. 주크라는 그 노래를 듣고 창문을 열었다. 그리고 타히르에게 안타까운 눈빛으로 엄마와 그녀의 시종 때문에 그 동안 만날 수 없었다고 말했다.

이때 왕비의 시종인 아랍이 그들이 함께 있는 것을 보고 왕에게 그 사실을 알렸다. 왕은 아랍에게 타히르를 죽이라고 명령했다.

그러나 주크라와 타히르의 사랑을 너무도 안타깝게 여긴 많은 신하들이 왕에게 그를 살려 달라고 간청하였다. 왕은 그들의 말을 들어 이번 한 번은 살려 주지만 다시 또 그를 보게 되면 죽이겠다고 말했다.

신하들은 타히르를 먼 지방으로 보냈다. 타히르는 그곳에서 노예로 7년을 살았다. 그러나 타히르는 희망을 버리지 않았고 언젠가 주크라와 재회할 날을 꿈꾸었다. 주크라는 마치 해질녘의 꽃처럼 자꾸만 시들어 갔고, 하루하루를 눈물로 보냈다.

어느 날 주크라가 궁전 앞을 지나가는 한 상인에게 혹시 타히르에 대한 소식을 듣지 않았는지 물어 보았으나 그 상인은 타히르라는 사람은 모른다고 말했다. 그런데 그 상인이 길을 떠나 다른 도시로 이동을 하게 되었을 때 그곳에서 우연히 타히르를 만나게 되었다. 인정 많고 친절한 상인은 타히르에게 주크라의 안부를 전해 주었다.

타히르를 통해 두 사람의 사랑을 모두 전해 들은 상인은 안타까운 마음에 몸값을 지불하고 타히르를 자유롭게 해 주었다. 그로부터 일주일 후 타히르는 주크라의 궁전에 도착해 다시 창가에서 노래를 부르기 시작했다.

주크라는 처음에는 변해 버린 그를 알아보지 못했지만, 얼마 후에 그가 타히르라는 사실을 깨닫고는 순식간에 그에게 달려가 뜨겁게 포옹했다. 7년만의 재회는 말로는 형언할 수 없는 기쁨이었다. 주크라는 타히르에게 일단 먼저 집으로 가서 엄마와 만나라고 하면서 나중에 자신이 쪽지를 보내면 그때 또 만나자고 말했다. 그들은 그렇게 40일간 밤마다 몰래 만났다. 만날 때마다 그들은 사랑의 노래를 불렀다.

주크라와 만나기 위해 타히르는 밤에 몰래 줄을 타고 성으로 숨어 들어갔다. 하지만 타히르의 엄마는 그들이 다시 만나는 사실을 알고 걱정하기 시작했다.

"얘야, 너에게 얼마나 많은 적들이 있는지 아니? 제발 궁전 말고 다른 장소에서 만나라."

꼬리가 길면 밟히는 법, 마침내 시종인 아랍이 성으로 들어오는 타히르의 모습을 발견하고 왕에게 두 사람이 다시 만난다는 사실을 고해바쳤다. 왕은 이번에야말로 타히르의 목을 치라고 아랍에게 명령을 내렸다.

그러나 다시 많은 신하들이 말리면서 타히르의 목숨만은 살려 달라고 부탁했다. 타히르의 엄마는 아들을 살려 달라고 애원하며 대신 자신의 목숨을 내놓겠다고 말했다.

왕은 또 하는 수 없이 그를 살려 주었으나 이번에는 감옥에 보냈다. 타히르는 어두운 감옥에 갇혀 버렸고, 주크라는 매일 슬프게 울었다. 그리고 왕은 곧 딸을 결혼시키겠다고 발표했다.

감옥에 갇힌 지 4일째 되는 날, 왕의 명령에 따라 타히르는 커다란 나무 상자에 넣어져 샷 강에 버려졌다. 샷 강은 굴이라는 왕의 소유였다.

주크라는 굴왕의 딸들에게 만약 그들이 타히르를 발견하게 되면 자신에게 알려 달라는 내용의 편지를 썼다. 굴왕의 딸들은 강을 따라 떠내려 오는 상자를 발견했고, 그를 구해냈다. 굴왕의 큰딸이 주크라에게 편지를 썼다.

"하느님의 뜻이 있다면 언젠가 당신들은 다시 만나서 행복해질 것입니다."

그런데 이것은 또 무슨 운명의 장난일까. 굴왕의 딸들이 저마다 타히르에게 사랑을 느끼기 시작했고, 그를 두고 서로 다투기 시작한 것이다. 타히르는 무척 괴로웠다.

어느 날 밤 그는 아무도 몰래 궁에서 빠져나와 고향으로 돌아왔다.

그는 배고프고 힘들었지만 마음속에는 항상 주크라와 만나야 한다는 희망이 있었다. 길에서 그는 일전에 자신을 구해 준 상인을 다시 만나 그와 함께 고향에 돌아와 어머니를 만났다.

여독이 겹쳐 피곤했던 그는 3일 동안이나 잠에 빠졌다가 일어나, 주크라를 만나러 갔다. 아들 걱정이 앞서는 그의 엄마도 동행했다.

궁전은 축제로 떠들썩했다. 무슨 날이기에 이런 축제가 벌어졌냐는 타히르의 질문에 엄마가 말했다.

"주크라가 이웃나라 왕자와 결혼을 하게 되었단다. 그래서 벌써 일주일간 이렇게 축제가 열리고 있는 거지."

"사랑해서 결혼하는 건가요?"

타히르가 물었다.

"그래, 사랑해서 결혼하는 거란다. 너는 빨리 주크라를 잊어야 해. 주크라 때문에 그 동안 네가 얼마나 고생했니? 내가 다른 참한 아가씨를 알아보마."

그러나 타히르에게 주크라가 없는 삶은 아무런 의미가 없었다. 그의 목숨보다 더 소중한 그녀였던 것이다. 타히르는 여장을 하고 궁으로 들어갔다. 그는 구석에 앉아 사람들 틈에서 드러나지 않게 주크라를 살펴보았다.

주크라는 슬퍼 보였다. 슬픔을 잊으려는 듯 주크라는 가수에게 사랑의 노래를 부르게 했다. 이때 여장을 한 타히르도 그들과 함께 궁으로 가서 노래를 불렀다.

주크라는 목소리만 듣고도 타히르를 금방 알아볼 수 있었다. 주크라가 유모에게 다가가 귀에 대고 말했다.

"오늘부터 저 가수를 궁에서 살게 하세요."

축제가 끝나고 둘은 다시 만나 뜨거운 포옹과 키스를 했다. 주크라가 말했다.

"타히르, 아버지가 강제로 나를 이웃 왕자에게 시집보내려고 해. 그러나 내 마음은 영원히 너의 것이야. 내일 아침에 목욕하러 갈 때 당신이랑 유모, 그리고 두 명의 시종이 함께 가기로 했어. 그 때 우리 함께 도망가."

그러나 이번에도 늘 그들의 사랑을 방해하는 아랍에게 그만 들키고 말았다. 주크라가 타히르에게 말했다.

“병사들이 오기 전에 빨리 도망가! 나중에 우리는 또 만나게 될 거야. 걱정하지 마.”

그러나 타히르는 그녀의 말을 듣지 않았다.

병사들은 목욕탕을 포위했고, 타히르는 곧 붙잡혀서 왕에게 끌려갔다. 왕은 분노하여 단칼에 그를 죽이라는 명령을 내렸다. 신하들은 이구동성으로 왕에게 그가 총리에게 했던 약속을 상기시키며, 만약 타히르를 죽이면 나라에 큰 재앙이 생길 것이라고 말했다.

그러자 왕은 한 가지 제안을 했다. 만약 타히르가 주크라라는 이름이 들어 있지 않은 노래 세 곡을 부를 수 있다면 그를 살려 주겠다는 것이었다.

타히르는 사람들 앞에서 첫 번째 노래를 불렀다. 첫 번째 노래를 훌륭히 불러내자 사람들은 환호했고, 그는 두 번째 곡 역시 주크라가 들어 있지 않은 노래를 불렀다. 그 순간 주크라는 목욕탕에서 도망쳐 나와 타히르가 죽지 않고 살아서 노래 부르는 것을 보고 왕이 생각을 바꿨다는 사실을 알게 되었다.

그러나 그녀는 왜 타히르가 자신에 대한 노래를 부르지 않는지 그 이유를 몰라 그를 빤히 쳐다봤다.

그런데 그녀와 눈이 마주치는 순간, 타히르는 모든 것을 잊고 “달처럼 아름다운 주크라”라는 노래를 세 번째로 부르고 말았다. 그 노래를 듣고 왕은 음흉하게 웃으며, 타히르의 목을 치라는 명령을 내렸다.

주크라는 왕 앞에 무릎을 꿇고 그를 살려 달라고 애원했지만 왕은 고개를 돌렸다. 신하들은 더 이상 왕에게 청원할 용기를 내지 못했다. 사형 집행인은 도끼를 들고 군중 앞에 서서 말했다.

"왜 아무 말도 못하는 거요? 명령은 취소할 수 있어도 잘린 목은 다시 생겨나지 못합니다! 무슨 말이라도 해봐요!"

하지만 어느 누구도 화가 난 왕이 두려워 감히 타히르를 돕고자 나서지 못하고 눈물만 흘릴 뿐이었다.

"뭐하는 거냐? 빨리 목을 치지 않고!"

화가 난 왕이 소리쳤다.

주크라가 타히르에게 다가가자 타히르가 말했다.

"운명을 따를 거야. 신은 모든 걸 보고 계셔."

타히르는 의연하게 사형대에 목을 내밀었다. 그러나 집행인은 도끼를 들 필요가 없었다. 신은 이미 타히르의 영혼을 받아들였기 때문이다.

주크라는 두 개의 돌로 자신을 치고 머리를 뜯고 옷을 찢었다. 누구도 그녀를 말릴 수 없었다. 왕과 왕비는 그녀를 달래며, 뭐든지 그녀가 원하는 것은 들어주겠다고 약속했다. 하지만 주크라는,

"타히르와 영원히 함께 할래요."

라는 말을 남기고 끝내 스스로 목숨을 끊고 말았다.

주크라와 타히르가 죽었다는 사실을 알고 광장으로 아랍이 달려왔다. 그는 사실 남몰래 주크라를 연모하고 있었다. 주크라의 죽음에 충격을 받아 그 동안 자신이 한 행동이 옳지 못했음을 알고 칼로 자신의 심장을 찔렀다.

타히르와 주크라에 이은 세 번째 죽음이었다.

타히르와 주크라가 죽고 난 후 1년이 지나자 주크라의 무덤에는 흰 장미가, 타히르의 무덤에는 빨간 장미가 피기 시작했다. 그리고 두 사람의 안타까운 사랑 이야기는 아주 오래 전부터 지금까지 사람들 사이에 전해져 오고 있다.

한편 아랍의 무덤에는 매년 가시나무가 자라는데 흰 장미와 빨간 장미가 피어나면 가시나무가 그 둘 사이에 자라난다고 한다. 그래서 동쪽과 서쪽에서 오는 상인들은 이 가시나무를 자르곤 한다고 한다. 흰 장미와 빨간 장미로 피어난 두 사람의 마음은 오늘날까지도 서로를 그리워하고 있는 것일까?

야오야 오시치

일본

옛날, 사람들이 설날 준비로 바쁠 때 어느 지방에서 불이 났다. 이 불을 피하기 위해 야오야의 딸 오시치는 어머니와 함께 절에 갔다.

오시치라는 소녀는 16살인데, 오시치를 한 번 보면 사랑에 빠지지 않을 남자가 없을 만큼 예쁜 소녀였다. 그렇기 때문에 어머니는 승려들이 오시치에게 무슨 짓을 할지 몰라 딸을 항상 가까이에 두고 신경을 쓰고 있었다.

어느 날, 절에서 일하는 젊은 남자가 손가락에 박힌 가시를 뽑으려고 하는데 잘 되지 않아 고생하고 있었다. 처음엔 오시치의 어머니가 도와주다가 노안 때문에 잘 뽑을 수가 없자 오시치가 대신하게 되었는데, 오시치는 그 젊은 남자의 단정한 모습을 보고 한눈에 반해 사랑에 빠져 버렸다.

하지만 옆에 계신 어머니 때문에 오시치는 아무 말도 할 수가 없었다. 그래서 오시치는 가시를 다 뽑은 후 일부러 족집게를 돌려주지 않았다. 이후에 오시치는 그 남자를 찾아가서 족집게를 돌려주려고 왔다고 하였다.

오시치는 족집게를 돌려주면서 슬쩍 남자의 손을 잡았고 그 남자도 어여쁜 오시치를 사랑하게 되었다. 그 남자의 이름은 키치자부로우였는데, 두 사람은 야오야의 눈을 피해 서로 편지를 주고받으며 사랑을 키워 나갔다.

그러던 어느 날 사자가 나타났다고 하여 오시치가 머물고 있는 절에 있던 승려들이 모두 떠나버렸다. 그날은 천둥 번개가 심해서 매우 위험한 날이었지만 오시치는 키치자부로우를 만날 수 있는 날은 이때밖에 없다고 생각하고 무서움을 참고 그를 만나러 갔다. 그때 17살이 된 오시치는 키치자부로우가 자신보다 한 살 어린 것을 알게 되었지만 그러한 사실을 숨기고 자신이 16살이라고 거짓말을 했다.

세월이 흘러 화재가 났던 마을도 모두 복구되었다. 오시치와 어머니는 절에서 집으로 돌아갔고, 그 후로 어머니는 딸과 키치자부로우와의 관계를 엄격하게 감시하였다. 그러나 두 사람은 시녀의 도움으로 몰래 편지를 교환하고 있었기 때문에 사랑의 감정은 더욱 깊어져만 갔다.

어느 이른 봄, 저녁에 산나물을 팔러 온 장사꾼이 오시치의 집에 왔는데 아직도 날이 춥고 눈도 오고 있었기 때문에 오시치의 부모님은 그를 바깥 사당에 머물도록 하였다. 마침 그날 밤늦게 오시치의 아버지에게 조카딸이 태어났다는 소식이 왔고, 그 소식을 들은 아버지는 아주 기뻐하며 밤이 늦었는데도 불구하고 어머니와 같이 외출을 하였다.

집에 혼자 남은 오시치는 아까 식당에서 본 장사꾼이 왠지 낯이 익은 듯해 사당에 갔고 다시 그 장사꾼을 본 순간 깜짝 놀라지 않을 수 없었다. 그는 꿈에도 그리던 키차자부로우였던 것이다.

키치자부로우는 단 한 번만이라도 오시치를 보고 싶다는 마음으로 장사꾼으로 변신을 하고 오시치의 집에 찾아온 것이다. 두 사람은 오시치의 방에서 서로 얼싸안고 재회를 기뻐했다. 잠시 후 부모님이 돌아왔기 때문에 두 사람은 큰 소리로 이야기를 나눌 수는 없었지만 종이에 글을 쓰면서 서로의 마음을 나누었다. 오시치와 키치자부로우는 그렇게 함께 밤을 지새우고 새벽에 이별하였다.

오시치는 헤어짐을 아쉬워하며 '키치자부로우는 위험을 무릅쓰고 나를 보러 왔는데, 난 그를 만나러 갈 수 있는 길이 없을까?'라고 고민하였다. 그 때 오시치의 머릿속에 갑자기 떠오른 생각이 있었다. 불이 나서 집이 없어진다면 다시 절에 들어가서 키치자부로우를 만날 수 있겠다 싶었던 것이다. 오직 키치자부로우를 만나겠다는 일념 하나로 오시치는 집에 불을 질렀다. 이때 우연히 불길을 발견한 사람들이 불을 껐는데 그들은 잿더미 속에서 멍청히 서 있는 오시치를 발견하였다.

경찰이 오시치를 수상하게 여겨 그녀에게 화재 사건에 대해 물어봤더니 오시치는 자기가 저지른 일이라고 사실대로 털어놓았다. 경찰은 오시치에게 아직 16살이 아니냐고 물어봤다. 당시 방화는 살인보다도 죄가 무거워서 범인은 사형을 당했지만 16살까지는 사형을 면할 수 있었기 때문이었다.

경찰도 오시치처럼 젊고 예쁜 여자가 사형으로 목숨을 잃는 것을 피하고 싶었던 것이다 하지만 오시치는 자신이 틀림없이 17살이라는 것을 주장하고 자기가 태어났을 때의 기록을 증거로 보여 줬다.

결국 오시치는 방화죄로 저잣거리를 끌려 다닌 후 화형에 처해졌다. 아직 젊고 예쁜 여자가 화형으로 죽었다는 소식은 지나가는 나그네마저 눈물을 흘리게 하였다.

한편 키치자부로우는 오시치가 자기 집을 방화했다는 소식을 전해 듣고 오직 오시치의 안위를 걱정하면서 하루하루를 보내고 있었다. 그래서 그의 주변 사람들은 오시치는 어려서 사형을 면하고 아직도 살아 있으며, 조금만 더 기다리면 만날 수 있을 것이라고 거짓말을 하면서 키치자부로우를 위로하였다.

하지만 어느 날 키치자부로우가 절을 산책하다가 우연히 오시치의 위패를 발견하고 말았다. 하늘이 무너져내리는 것 같은 충격이었다. 오시치가 이제 이 세상에 없는 것을 알게 된 키치자부로우는 자살하려고 했지만 주위에 있던 승려들이 달려들어 그를 말렸다. 자살은 멈추었지만 키치자부로우는 절에서 일하는 신분이면서 여자를 사랑했고, 그 결과 그 여자를 죽게 했다는 것에 한탄하면서 미친 사람처럼 울부짖었다.

이 소식을 들은 오시치의 어머니가 절에 찾아와서 키치자부로우에게 딸의 유언을 전해 주었다. 유언의 내용은 다음과 같았다.

'만약에 당신이 아직도 저를 사랑하고 있다면 승려가 되어 이렇게 어처구니없이 죽음을 당한 저의 명복을 빌어 주세요. 그렇게 해 주시면 죽어도 잊지 못할 거예요. 우리의 인연은 다음 세상에서라도 이루어질 테니까요.'

사랑하는 연인, 오시치의 유언을 들은 키치자부로우는 그날로 승려가 되어 목숨이 다하는 그날까지 오시치의 명복을 빌고 또 빌었다.

독백

우즈베키스탄

아주 먼 옛날 게라트라는 부족에 후세인 바이까라라는 왕이 있었다. 그의 옆에는 알리세르 나보이라는 충신이 있었는데 그는 시인이자 현인으로서 왕의 책사 역할을 담당했다. 두 사람은 왕과 신하 사이였지만 어릴 때부터 함께 자라며 우정을 나눈 죽마고우이기도 했다. 후세인 왕은 나보이와 하루라도 이야기를 하지 않으면 살 수 없을 정도로 나보이만을 옆에 두고 자기 몸처럼 아끼고 좋아했다.

하지만 단짝인 두 사람이 유일하게 함께 하지 않는 것이 있었으니 그것은 바로 사냥이었다. 마음이 여리고 착한 나보이는 동물들을 쫓고 죽이는 사냥을 아주 싫어했다. 왕은 나보이와 함께 사냥을 하고 싶었지만 나보이의 여린 마음을 알기에 강요할 수 없었다. 왕이 사냥을 나간 어느 날, 나보이는 말을 타고 홀로 먼 지방에 시찰을 나갔다. 그리고 그 곳에서 우연히 아름다운 여인을 만나게 되었다. 말에게 물을 먹이고 있는 여인의 옷차림은 남루했지만 살짝 말아 올린 금발의 머리와 하얀 목덜미, 크고 영롱한 눈동자를 보자 나보이는 한눈에 사랑에 빠져 버렸다. 궁으로 돌아와서도 나보이는 여인의 모습을 잊을 수가 없었다. 그날부터 나보이는 여인을 만나기 위해 강가 주변을 맴돌기 시작했지만 어찌된 일인지 여인의 모습을 찾을 수가 없었다. 수소문 끝에 여인이 아부 살리흐라는 방직공의 딸 귤리라는 것을 알아내 그녀의 집에 찾아 갔다. 왕의 신하인 나보이가 다짜고짜 자신의 집에 찾아온 것에 겁에 질린 아부 실리흐 앞에서 나보이가 넙죽 절을 하며 말했다.

"저는 나보이라고 합니다. 며칠 전 어르신의 따님을 보고 첫눈에 반했습니다. 따님과 결혼할 수 있도록 허락해 주십시오."

아부 실리흐는 신분이 높은 나보이가 보잘 것 없는 방직공인 자신의 딸을 사랑한다니 도무지 믿을 수가 없었다. 나보이는 귤리가 자신을 마음에 들어 할지 몹시 걱정이 되었다.

"딸의 의무는 아버지의 뜻을 따르는 것입니다. 귤리는 지혜롭고 효심이 깊어 아마도 저의 청이라면 거절하지 않을 겁니다. 아무 염려 마십시오. 제가 잘 이야기하겠습니다."

"저는 옛날부터 전해 내려오는 사리아트법을 중시합니다. 사랑을 강요하는 것은 죽음보다 더 나쁜 일이라 생각합니다. 그러니 어르신, 따님이 싫다고 하면 절대 강요하셔서는 안 됩니다."

진심이긴 했지만 나보이의 속마음은 초조함으로 새까맣게 타들어 갔다.

"귤리야, 기뻐하거라! 너는 이제 궁궐에서 살게 될 거야. 왕의 신하인 나보이라는 사람이 너와 결혼을 하고 싶다고 하는구나. 아주 예의가 바르고 믿음직스러운 청년이야. 너와 잘 어울릴 것 같구나. 나는 허락했지만 그는 너의 승낙을 기다리고 있단다."

귤리는 미소를 지으며 말했다.

"저의 의무는 부모님의 말씀을 따르는 것입니다. 아버님의 마음에 그리 드셨다면 좋은 분이시겠지요. 아버님 분부대로 따르겠습니다."

귤리의 마음을 확인하고 싶은 나보이는 저녁마다 귤리의 집에 찾아갔다. 둘은 매일 화원을 거닐며 사랑에 대한 이야기를 나누었고 나보이는 귤리를 위해 사랑의 시를 읊고 귤리는 그에 대한 답례로 노래를 불렀다.

두 사람은 곧 약혼식을 올렸다. 하지만 왕은 이런 사실을 전혀 알지 못했다. 부쩍 자신에게 소홀해진 나보이를 이상하게 생각한 왕은 다른 신하인 마제진을 불렀다.

"나의 친구 나보이가 요즘 보이지 않는구나. 무슨 일이 있는지 알아보아라."

"예. 부하들을 시켜 나보이의 뒤를 밟도록 하겠습니다."

며칠이 지나고 왕은 다시 마제진을 불렀다.

"그래, 부하들이 무엇을 밝혀냈느냐?"

"나보이는 거짓말을 하고 있었습니다. 날마다 새 시를 짓고 있는 듯 했지만 실은 어떤 아가씨와 함께 시간을 보내고 있었습니다. 그 아가씨의 이름은 귤리이고 아버지는 방직공입니다. 둘은 곧 결혼할 예정이라고 합니다."

왕은 자신의 둘도 없는 친구 나보이가 자신에게 거짓말을 했다는 사실에 몹시 분노했다.

왕은 곧 나보이를 불러 자신이 곧 결혼식을 올릴 예정이라고 말했다. 나보이는 크게 기뻐하며 어떤 신붓감인지 물었다.

"매우 아름다운 여인일세. 아마 자네도 보면 반할걸."

"폐하, 감축드리옵니다."

후세인 왕은 교활한 미소를 띠며 신하들에게 명령했다.

"나의 친구 나보이를 중매인으로 정했으니 예물을 모아 그 아가씨 집에 보내도록 하라. 그 집은 방직공 아부 살리흐라는 자의 집이다."

왕의 신부가 될 여인이 자신과 약혼한 귤리라는 사실을 안 나보이는 왕의 중매인을 거절하고 궁을 뛰쳐나왔다. 그리고 서둘러 귤리를 찾아가 이 모든 사실을 눈물과 함께 털어 놓았다.

다음 날, 왕은 직접 부하들을 이끌고 아부 살리흐의 집에 들이닥쳤다. 아부 살리흐 집에 있는 나보이의 모습을 보자 더욱 화가 난 왕은 신하들을 시켜 그를 멀리 추방시키도록 명했다. 신하들에게 끌려가는 나보이를 따라가겠다고 발버둥을 치는 귤리에게 왕은 자신의 부인이 될 것을 명령했다. 하지만 귤리는 그 청을 완강히 거절했다.

"죽어서도 당신의 부인이 절대 될 수 없습니다."

왕은 마제진에게 뒷일을 부탁하고 궁으로 돌아갔다. 마제진으로부터 몇 마디 전해 들은 아부 살리흐가 귤리에게 다가왔다.

“왕의 신하가 나의 사위가 될 뻔했는데 이제는 왕의 장인이 되게 되었구나.”

“아버지, 이번만은 아버지의 말씀을 따를 수 없습니다. 어찌 사랑이 강제로 이루어질 수 있겠습니까. 저는 절대로 왕의 아내가 될 수 없습니다. 그렇게 되느니 차라리 죽음을 선택하겠어요.”

하지만 만약 자신이 왕의 청혼을 거절한다면 자신은 물론이고 아버지까지 죽을 수 있다는 생각에 귤리는 두려운 마음이 들기 시작했다. 그래서 귤리는 하는 수 없이 왕의 청혼을 받아들이고 했고 왕은 성대한 결혼식을 준비했다. 그리고 나보이의 추방 명령도 취소했다. 그 이유는 자신이 사랑하는 여자가 다른 남자와 결혼하는 모습을 보게 하여 마지막까지 잔인하게 복수하고 싶은 마음에서였다. 결혼식 날 나보이는 마지막으로 귤리를 볼 생각에 그녀가 머물고 있는 내실로 들어갔다. 귤리는 무언가 결심한 사람처럼 포도주 두 잔을 들고 나왔다.

“나보이 님, 우리의 인연은 여기서 끝이지만 다음 생에서는 제가 먼저 나보이 님을 찾아가겠어요.”

귤리는 포도주 한 잔을 벌컥 들이켰다. 그리고는 힘없이 쓰러졌다.

“귤리 이게 무슨 일이오. 혹시 포도주 안에 독약을 탄 것이오?”

귤리는 말없이 고개를 끄덕였다.

“귤리 나는 당신 없이는 도저히 살 수가 없소.”

나보이는 자신 앞에 놓여 있는 포도주 잔을 단숨에 들이켰다. 그들은 마지막으로 긴 키스를 나눴다. 흐느끼는 나보이의 품에 안긴 귤리는 점점 의식을 잃어갔지만 어찌된 일인지 나보이는 정신이 또렷했다.

"귤리, 나도 함께 포도주를 마셨는데 왜 멀쩡한 거요?"

"사랑하는 사람에게 어떻게 독약을 마시게 할 수 있겠습니까? 당신의 포도주에는 독약이 없었습니다. 그저 나를 위해 함께 포도주를 마셔 준 것만으로도 저는 외롭지 않게 저세상에 갈 수 있을 것 같습니다. 나보이 님 사랑은 이미 제 마음 안에 있는 걸요."

귤리는 행복한 미소를 지으며 나보이 품에 안겨 숨을 거두었다. 나보이는 귤리를 껴안고 오열했다.

나보이가 귤리의 침실로 들어갔다는 소식을 뒤늦게 들은 왕은 화가 난 마음에 검을 들고 들이닥쳤다. 그러나 귤리는 이미 이 세상 사람이 아니었다. 왕은 검을 떨어뜨리고 두 사람의 모습을 가만히 바라보았다.

후세인 왕은 심한 죄책감에 시달렸다. 니보이의 눈을 제대로 쳐다볼 수 없을 정도였다. 하지만 나보이는 왕의 곁을 떠나지 않았다. 전과 다름없이 한결같은 충심으로 왕을 섬겼다. 다만 죽음으로 자신과의 사랑을 지켰던 귤리를 마음속 깊이 간직하고 평생 홀로 살았다.

동백꽃 약속

일본

일본 동북 지방 아키타 현에 있는 어느 작은 어촌 마을의 이야기다. 해마다 봄이 되면 카가에 여러 상인들은 형형색색의 천부터 약, 도자기, 옷 등 도시의 갖가지 진귀한 물건들을 잔뜩 싣고 이 어촌 마을을 찾았다. 워낙 작은 어촌 마을이라 머물 곳이 마땅치 않았던 상인들은 마을 사람들에게 양해를 구하고 며칠씩 신세를 졌다.

어느 해 봄, 카가의 상인들 중 처음 어촌 마을을 방문한 젊은 상인이 있었다. 날이 어둑어둑해질 무렵까지 머물 곳을 정하지 못한 젊은 상인에게 한 노인이 다가왔다.

"우리 딸내미 신발을 하나 사려고 하는데 좀 골라주겠소?"

"따님 나이가 몇입니까?"

"이제 막 스물이 되었다오."

"아, 그럼 이 꽃신이 좋겠네요. 이건 제가 직접 수를 놓아 만든 신이랍니다."

"오호, 아주 예쁘긴 한데 이걸 살 만한 돈이 없소."

가난하지만 딸의 신발을 사주고 싶어 하는 노인의 따뜻한 마음에 젊은 상인은 크게 감동했다.

"그냥 가져가세요. 대신 오늘 밤 어르신 댁에 묵어갈 수 있도록 허락해 주십시오."

예의 바르고 착실해 보이는 젊은 상인이, 노인도 싫지 않았다.

"집이 워낙 누추해서…… 청년이 괜찮다면 이곳에 있는 동안 머물다 가도 좋소."

바닷가 근처, 외진 곳에 있는 노인의 집은 겉으로 보기엔 아주 허름해 보였지만 집안은 깔끔하고 소박하게 꾸며져 있었다. 또한 노인을 맞이하는 딸의 환한 미소를 보자 젊은 상인은 더욱 노인의 집이 마음에 들기 시작했다. 수줍은 듯 홍조를 띤 소녀의 얼굴에 살포시 보조개가 들어간 미소를 보자 젊은 상인은 정신을 차릴 수 없었다.

"얘야, 이 꽃신은 이 젊은 청년이 직접 수를 놓아 만든 신발이란다. 너에게 주는 선물이니 신어 보거라. 그리고 당분간 청년은 우리 집에 머물 예정이니 정성껏 대접해드려라."

조개와 미역을 따면서 아버지를 모시던 처녀는 동네에서도 이름난 효녀였다. 작은 어촌 마을에서 지내면서 늘 말벗이 그리웠던 처녀에게 외지인인 젊은 상인은 매력적이었으며 신비로운 존재였다. 처녀는 젊은 상인이 장사를 마치고 돌아올 때쯤이면 꽃신을 신고 나가 그를 맞이하였다. 그리고 밤마다 도시 이야기를 해달라고 청년을 졸랐다. 젊은 상인 역시 늘 외지로 떠도는 장사꾼이라 마음을 터놓고 이야기할 상대가 그리웠었다. 젊은 상인은 그동안 다녔던 많은 도시의 이야기들을 처녀에게 들려주었다. 그러나 행복도 잠시, 젊은 상인이 카가로 돌아갈 날이 가까워졌다. 카가로 돌아가기 전날 밤, 젊은 상인은 자신의 마음을 처녀에게 고백했다.

"당신은 마치 카가의 동백꽃처럼 아름답소. 지금은 내가 떠나야 하지만 내년 봄, 당신과 결혼하기 위해 다시 돌아오겠소."

젊은 상인과 처녀는 결혼 약속의 징표로 처녀를 닮은 동백나무 씨앗을 가져와 바다가 보이는 노트산에 올라가 함께 심기로 약속했다. 젊은 상인이 떠나던 날, 처녀는 노트산 꼭대기에 올라가 멀어지는 배를 쳐다보며 하염없이 울었다.

젊은 상인이 떠난 후, 처녀는 날마다 노트산에 올라가 봄이 오기만을 손꼽아 기다렸다. 그렇게 어느새 일 년이 지나고 봄이 찾아왔다. 처녀는 날이 밝자마자 노트산에 올라 젊은 상인이 탄 배가 나타나기만을 기다렸다. 그러나 하루가 가고 이틀이 지나가도록 젊은 상인의 모습은 보이지 않았다. 그렇게 또 일 년이 흘렀다.

"도시 남자에게 속은 거야. 그는 벌써 오래전에 도시 처녀와 결혼했을 거라고."

"네가 아무리 기다린다고 해도 청년은 돌아오지 않을 거야."

"청년이 탄 배가 성난 파도를 만나 침몰했을지도 모르지."

마을 사람들의 수군거림을 듣지 않았던 처녀도 시간이 지나면서 점점 불안한 마음을 가눌 수 없었다.

'마을 사람들의 말처럼 그는 정말 돌아오지 않을까?'

절망에 빠져 있던 처녀에게 더 큰 고통이 다가왔다. 바다에 나갔던 아버지마저 큰 폭풍을 만나 돌아가시고 만 것이다. 한 가닥 삶의 희망마저 남아있지 않던 처녀는 결국 돌아오지 않는 청년을 원망하며 꽃신을 벗어둔 채 바다에 몸을 던졌다. 마을 사람들은 노토산 꼭대기에 묘를 만들고 가엾은 처녀의 넋을 위로해 주었다.

처녀가 목숨을 끊고 며칠 후, 젊은 상인이 마을에 나타났다. 배가 항구에 닿자마자 한 걸음에 처녀의 집으로 뛰어간 젊은 상인은 동네 사람들에게 이미 처녀가 이 세상 사람이 아니라는 날벼락 같은 소식을 들었다. 젊은 상인은 가슴을 치며 조금 더 일찍 돌아오지 못한 자신을 원망했다. 그동안 젊은 상인은 오직 처녀만을 생각하며 이를 악물고 열심히 일을 했었다. 사랑하는 여인을 편하게 맞이하고 싶은 욕심에 시간이 지체되었을 뿐인데 이제는 돈도 아무 소용없게 되었다.

젊은 상인은 노토산 꼭대기에 올라 처녀와 함께 했던 행복한 시간을 떠올렸다. 그리고 그녀와 했던 약속대로 그녀의 묘 옆에 동백나무를 심었다.

매년 봄이 되면 동백나무에서는 꽃이 피었고 노토산 전체가 아름다운 동백꽃으로 뒤덮였다. 행여 누가 동백나무를 옮기거나 꽃을 따려고 하면 마을에는 안좋은 일이 생겼다.

북쪽 지방에는 아직도 보기드문 야생 동백나무가 봄이 되면 노토산 전체를 빨갛게 물들인다. 이는 사랑하는 연인을 그리워하는 한 처녀의 애달픈 마음과도 같다 하여 사람들은 작은 어촌 마을을 츠바키(동백꽃)이라 부르기 시작했다.

석유석 팔찌

러시아

러시아 어느 마을에 베라라는 여인이 살았다. 비록 몰락한 귀족 집안의 딸이긴 했으나 우아함과 아름다움만은 여느 부유한 귀족집안 처녀들과 비교하여도 손색이 없을 정도로 빼어났다.

결혼한 지 8년이 된 베라는 슬하에 두 아들을 둔 어머니였다. 그러나 그 아름다움은 세월을 비켜갈 만큼 변함없이 아름다워 마을 사람들의 부러움을 한몸에 받았다. 하지만 그런 그녀에게도 남들에게 말할 수 없는 사연이 하나 있었다.

'도대체 나에게 8년 동안 매일같이 편지를 보내는 이 사람은 누굴까?'

미안한 일이지만 누군가 8년 동안 한결같이 편지를 보낸다는 사실을 차마 남편에게까지 말할 수 없었다. 남편이 세상 누구보다 자신을 사랑한다는 것을 알고 있는 베라는 처음에는 남편이 한 일이라고 생각했다. 하지만 아무리 상황을 따져보아도 남편이 아닌 다른 사람의 소행이었다.

그러던 어느 날, 베라는 자신의 생일에 가까운 친척과 친구들을 파티에 초대하기 위해 초대장을 쓰고 있었다. 그 때 그 의문의 편지가 배달되었다.

"또 그 사람이네."

이제는 겉봉투만 봐도 한눈에 알아 볼 수 있었다. 봉투 안에는 편지와 석유석으로 만든 팔찌가 함께 들어있었다.

"어머나!"

팔지를 꺼내든 베라는 깜짝 놀랐다. 이 팔찌는 아주 오래전에 자신이 잃어버린 팔찌였기 때문이었다. 값비싼 팔찌는 아니었지만 꽤나 멋스럽고 독특한 팔찌였기에 이것을 잃어버리고 무척 속이 상했었다. 마치 저녁노을 같이 붉고 선명했던 팔찌의 빛깔은 그때나 지금이나 변함이 없었다. 편지에는 '당신의 생일을 기념하여 석유석 팔찌를 보냅니다. 늦어서 미안합니다. 생일 축하합니다.'라는 글귀가 적혀 있었다. 편지와 팔찌를 받은 베라는 섬뜩한 마음에 모든 사실을 남편에게 털어놓기로 결심했다. 8년 동안 편지를 받으면서 한 번도 답장을 하거나 보낸 사람을 궁금해 했던 적도 없는 베라는 남편에게 말 못할 이유가 없다고 판단했기 때문이다. 그리고 더 큰 일이 일어나기 전에 어서 남편에게 알려야 한다고 생각했다.

그 날 저녁, 베라는 그간의 편지와 팔찌를 남편에게 보여 주고 사실대로 이야기했다. 그러나 베라의 생각과 달리 남편은 크게 화를 내며 미리 얘기 하지 않은 사실을 탓했다. 잠시 흥분을 가라앉힌 남편은 다음에도 이 같은 편지가 오면 즉시 자신에게 얘기할 것을 베라에게 당부했다.

남편 역시 베라만큼이나 편지를 보낸 작자가 궁금해 견딜 수 없었다. 주소도 이름도 없는 편지를 누가 8년 동안 쉬지 않고 보냈는지 생각할수록 궁금해 죽을 것 같았다. 편지에 찍힌 소인으로 마을을 찾은 남편과 베라는 우체국에 들러 사정 이야기를 했다. 그리고 그 사람의 주소를 알아낼 수 있었다.

드디어 의문의 편지를 보낸 작자 집 앞에 두 사람이 도착했다. 집은 상상했던 것과는 아주 다르게 너무도 초라했고 문을 열고 나온 사람 역시 아주 평범한 한 남자였다. 남자는 두 사람을 보자 안으로 들어오라고 말했다. 세간살이도 없이 썰렁한 집 안에는 남자와 전혀 어울리지 않는 피아노 한 대가 볕이 잘 드는 창가 쪽에 덩그라니 놓여 있었다. 따뜻한 차를 들고 나타난 남자는 먼저 베라와 남편에게 용서를 구했다.

“정말 죄송합니다. 실은 8년 전 우연히 부인의 아름다운 모습을 보게 되었습니다. 이미 결혼을 한 상태라는 것을 알고 있었지만 주체할 수 없는 제 마음 때문에 편지를 보내게 되었습니다. 부디 용서해 주십시오. 다시는 이런 일이 없도록 하겠습니다.”

남편은 강경한 목소리로 다시는 이런 일이 없도록 하라는 주의를 다시 한 번 주고 베라와 함께 남자의 집을 나섰다.

며칠 후 신문을 읽던 베라에게 한 통의 편지가 배달되었다. 그 남자의 편지였다. 베라는 남편을 불러 그 편지를 보여 주었다.

"사람들은 세상 많은 것에 관심이 있습니다. 그러나 제가 알고 싶어 하는 것은 당신과 당신의 생활뿐이었습니다. 저는 귀족이었던 당신을, 이미 다른 남자의 아내가 된 당신을 알게 한 하늘을 원망하지 않았습니다. 오히려 당신의 존재를 알게 해 준 하늘에 감사를 드렸지요.

8년 전 성당에서 결혼식을 준비하는 당신을 처음 보았습니다. 당신을 본 순간 꽃, 별, 저녁노을은 더 이상 아름다운 것이 아니라는 것을 깨달았습니다. 사실 전 그 성당에서 오르간을 연주하는 일을 했습니다. 그 날은 며칠 후에 있을 부활절 특전 미사를 위해 오르간 연습을 하던 중이었지요. 한참을 넋을 잃고 당신을 바라보다가 성당 밖으로 나가는 당신을 쫓아가게 되었습니다. 당신이 성당 문을 열고 나가는 순간 팔찌가 떨어져 저도 모르게 그것을 주우려 팔을 뻗었습니다. 그런데 웅장하고 무거운 성당 문이 제 팔을 짓눌렀지요. 그 후로 저는 오르간 연주를 할 수 없게 되었습니다. 아무것도 모르는 당신은 남편과 함께 걸어갔지요. 저는 당신의 걸음걸이, 미소, 아름다운 눈을 떠올리며 그리고 석유석 팔찌를 보면서 절망하지 않으려고 노력했답니다.

당신을 알게 된 이후로 이별과 고독, 고통이 존재했지만 당신은 내게 기쁨과 위로도 함께 주었습니다. 그러나 이제 제가 살아가는 희망이었던 당신을 저에게서 떠나보내려고 합니다. 비록 제 육신은 사라지지만 제 영혼만은 당신 곁에서 늘 함께할 것입니다. 당신을 만난 건 아주 짧은 순간이었지만 제 마음만은 변함없이 영원하다는 것을 기억해주세요. 그럼 안녕히……"

편지를 읽는 내내 베라의 눈에서는 하염없이 눈물이 쏟아져 나왔다. 어렴풋하게 결혼식을 준비하던 때가 떠올랐다. 누군가가 연주하던 아름다운 오르간 소리에 마음이 한껏 부풀었던 그때, 신랑이 밖에 와 있다는 사실에 팔랑개비처럼 성당을 빠져나갔던 모습들이 차례차례 스쳐지나갔다. 베라와 남편은 서둘러 남자의 집으로 달려갔다. 그러나 이미 그 남자는 목숨을 끊은 뒤였으며 장례식이 진행 중이었다. 베라는 장미꽃 한 다발을 사서 그의 집 앞에 내려놓았다. 그리고 다음과 같은 말을 남겼다.

"제가 당신의 고귀한 사랑을 받을 수 있는 존재인지는 잘 모르겠습니다. 저로 인해 피아노를 칠 수 없게 되었다니 정말로 미안한 마음뿐입니다. 당신의 고귀하고 순수한 사랑을 받아주지 못해 미안합니다. 또 당신을 만나기 전 다른 사람의 아내가 되어 있었기에 또 미안합니다. 마지막으로 8년이라는 긴 시간 동안 당신의 진심도 모른 채 받기만 해서 당신에게 정말 미안합니다."

청혼

중국

중국 한나라 말 어느 지방에 초중경이라는 사람이 살았다. 초중경에게는 유난지라는 부인이 있었는데 어려서부터 옷을 짜는 재주가 남다르고 학문에 뛰어난, 여자로서 갖춰야 할 덕목을 두루 갖춘 최고의 신부감이었다.

그 때문인지 난지의 집은 난지와 혼인을 성사시키고자 하는 중매쟁이들로 문전성시를 이뤘다. 하지만 난지에게는 이미 사모의 정을 나눈 사람이 있었으니 그가 바로 초중경이었다. 지방의 작은 관직에 종사하고 있는 초중경을 탐탁치 않게 생각했던 난지의 부모는 둘 사이를 심하게 반대했으나 초중경이 아니면 안 된다는 딸의 완고한 뜻에 하는 수 없이 결혼을 승낙했다.

하지만 부모의 반대를 무릅쓰고 사랑을 선택한 난지의 결혼 생활은 생각만큼 순탄치 않았다. 초중경은 일에 너무 몰두한 나머지 매일 늦게 들어오거나 아예 들어오지 않기 일쑤였고 시어머니의 시집살이는 밤낮이 없었다. 새벽닭이 울기가 무섭게 베틀에 앉아 옷을 지어야 했으며 밤에는 시어머니의 온갖 심부름에 잠도 편히 잘 수 없었다. 시어머니는 자신의 집을 깔보던 며느리 집안에 대한 분노로 난지를 하인 부리듯 부리며 분풀이를 하고 구박했다.

어느 날, 오랜만에 일찍 집에 온 초중경은 어머니로부터 큰 꾸중을 듣고 있는 난지를 보게 되었다. 그러고 보니 시집오기 전 곱디 고왔던 아내의 얼굴은 야위고 초췌해져 있었다. 안간힘을 쓰며 간신히 시어머니 앞에 서 있는 아내의 모습을 보자 초중경은 마음이 아팠다.

"어머니 무슨 일이세요? 무슨 일인지는 모르겠지만 이 사람은 어머니께 큰 꾸중을 들을 만한 일을 할 사람이 아닙니다. 행여 어머니 마음에 들지 않게 행동하거든 너그러이 일러주시지오."

아들이 난지의 역성을 들자 어머니는 몹시 화가 났다.

"오냐, 이제야 알겠다. 네년이 내 아들을 구워삶아서 내게 대들도록 시켰지? 모자간에 이간질을 시켜 내가 일찍 죽기를 바라는구나. 그렇게나 우리 집안을 업신여기더니 이제는 그것도 모자라 집안을 아예 망하게 할 셈이냐? 이 위아래도 모르는 파렴치한 년 같으니라고."

모진 욕설을 늘어놓은 어머니는 그래도 분이 풀리지 않았는지 며느리의 머리채를 잡아 이리저리 흔들기 시작했다. 놀란 초중경은 자신도 모르게 어머니를 밀쳐 내고 난지를 밖으로 끌고 나왔다. 화산 고갯마루에 이르자 난지는 그만 주저앉고 말았다.

"미안하오. 이렇게까지 고생을 하는지 내 미처 알지 못했어. 난 그저 열심히 학문을 닦아 높은 벼슬자리를 얻어 당신을 행복하게 해주고 싶은 마음뿐이었소. 하지만 지금 그게 다 무슨 소용이 있겠소. 어여쁘던 당신이 이렇게 야위도록 돌보지 못했는데 내 어찌 큰일을 할 수 있겠소."

"아닙니다. 제가 부족한 탓에 어머니의 마음을 얻지 못했습니다. 서방님께 심려만 끼쳐드렸으니 아내로서 몹쓸 죄를 지었습니다."

"그런 말 마시오. 당분간은 집으로 돌아가지 않는 것이 좋을 듯 하오. 내일 내가 궁에 들어가게 되면 어머니로부터 어떤 봉변을 당하게 될지 모르는 일이오. 일단 친정에 가 있는 것이 좋을 듯 하오. 내 일이 끝나는 대로 당신을 데리러 가리다."

그렇게 난지는 결혼한 지 일 년도 되지 않아 친정으로 돌아오게 되었다. 친정어머니께는 시어머니의 허락을 받고 며칠 친정나들이를 왔다고 둘러댔다. 그러나 난지가 시댁에서 소박을 맞고 쫓겨 왔다는 소문은 삽시간에 친정 마을까지 퍼지게 되었다. 금이야 옥이야 키운 소중한 딸이 소박을 맞았다니, 난지의 부모는 크게 상심하였다.

'가시방석 같은 친정 생활을 하느니 매를 맞더라도 시집으로 돌아가는 것이 낫겠어.'

난지는 짐을 꾸려 시집으로 돌아가려 했으나 번번이 오빠들에게 들켜 방에 갇혔다. 초중경이 자신을 데리러 오는 수밖에는 별다른 도리가 없었다. 그러나 한 달이 지나도 초중경은 돌아오지 않고 초중경이 나라의 큰 벼슬을 얻어 새 장가를 갔다는 소문만 들려왔다. 그렇게 일 년이 지나고 상심에 빠진 난지를 제외한 다른 사람들은 안정을 되찾아갔다.

그러던 어느 날, 한 남자가 난지의 집에 찾아 왔다. 그는 새로 부임한 현령의 중매인으로 화초를 다듬는 난지를 보고 반한 현령을 대신해 청혼을 하러 찾아왔다고 했다. 난지 집안에서는 오히려 잘된 일이라면 혼사를 진행시켰지만 난지는 초중경을 향한 사랑과 믿음 때문에 마음이 내키지 않았다. 하지만 난지의 의사와 상관없이 혼인은 성사되었고 온 집안이 떠들썩한 가운데 함이 들어오는 날이 되었다. 그러나 어찌된 일인지 난지에 방에서는 인기척 소리조차 들리지 않았다. 현령이 함을 진 무리와 함께 도착했을 때도 아무 소리가 없자 초초해진 어머니가 다급하게 방문을 열었다. 그러나 난지는 이미 이 세상 사람이 아니었다. 천장에 목을 맨 채 스스로 목숨을 끊은 것이다. 난지의 어머니의 통곡 소리에 사람들이 몰려왔고 사람들의 틈에서 한 남자가 난지 방으로 뛰어 들어갔다.

"여보! 부인!"

웅성거리던 사람들이 일순간 조용해졌다. 신랑 예복을 입고 있던 그 남자는 다름 아닌 초중경이었던 것이다. 난지를 친정에 보내 놓고 궁에 입궐한 초중경은 현령이라는 벼슬을 얻어 지난 일 년간 고을을 돌아다니며 일을 익혔다. 그리고 일 년이 지나, 난지가 사는 마을의 현령이 되었을 때 초중경은 당장이라도 난지를 향해 달려가고 싶은 마음을 꾹 참았다. 그토록 자신을 업신여겼던 처갓집에 모처럼 당당해질 수 있는 기회라고 생각했기 때문이다. 처가에서 이제는 자신을 반겨줄 거라고 기대하며 이 같은 일을 꾸몄던 초중경은 신부 예복을 곱게 차려입은 난지를 안고 일 년 전 자신과 헤어졌던 고갯마루로 올라갔다. 그리고 그 곳에 난지와 나란히 누웠다.

시간이 흐르고 흘러 화산 고갯마루에 두 그루의 나무가 자랐다. 길을 가운데 두고 왼쪽에는 송백나무, 오른쪽에는 오동나무가 울창한 잎을 드리워 서로를 감싸 안은 듯 엉기며 자랐다. 그리고 나무 사이를 파고들어 매일 밤 서로를 마주보고 우는 새가 있었다. 그 새의 이름이 바로 원앙새이다.

하늘엔 별, 호수엔 파도

키르기스스탄

아주 오랜 옛날 바다처럼 넓은 호수에 유난히 빛나는 샛별이 있었다. 사실 그 샛별은 원래 지상에서 둘도 없는 절세미인이었다. 그녀의 집은 대대로 너무 가난해서 입에 풀칠하기도 힘든 지경이었다. 집안의 생계를 위해 누군가의 희생이 필요했는데 마침 여인의 미모에 반한 동네 돈 많은 노인이 그녀에게 자신의 후처 자리로 들어올 것을 제안했다. 노인의 속내를 오래전부터 눈치 채고 있던 여인의 부모들은 은근히 일이 성사되기를 기다렸다.

그러던 어느 날, 그 노인이 여인을 조용히 불렀다. 노인은 가난한 집안의 딸로서 집안을 일으켜야 하는 것이 자식으로서 해야 할 마땅한 일임을 강조하면서 자신의 청혼을 받아줄 것을 요구했지만 거절당했다. 그녀의 마음을 돌리기 위해 부모들까지 설득에 나섰지만 그녀의 완고한 뜻을 꺾을 수 없었다. 사실 여인에게는 오랫동안 마음속에 흠모하고 있던 동네 청년이 있었기 때문이다. 청년과 여인의 인연은 소꿉놀이를 하던 어린 시절부터 시작되었으며 이러한 소중한 인연은 서로 한시도 떨어져 지낼 수 없을 정도로 깊은 정이 들게 했다. 둘의 사랑은 날이 갈수록 깊어졌으며 노인의 성화로 견딜 수 없는 지경에 이르자 두 사람은 도망가기로 결심했다.

"오늘 새벽 1시에 뒷산에서 만나요. 이 방법만이 우리의 사랑을 지킬 수 있는 유일한 방법이에요. 우리 사랑이 영원하기를."

두 사람은 굳게 약속하고 떠날 채비를 하기 위해 각자의 집으로 돌아갔다.

새벽 1시가 가까워 오자 여인의 마음은 다급해지기 시작했다. 그녀는 들킬라 조심조심 짐을 싸서 부모가 잠든 틈을 타 집을 빠져나왔다. 청년보다 먼저 뒷산에 도착한 그녀는 산짐승 소리에 소름이 돋았으나 달빛을 벗 삼아 꾹 참고 기다렸다. 그러나 어찌된 일인지 청년은 나타나지 않았다.

'어떻게 된 일이지? 그렇게 철석같이 약속해 놓고 왜 안 오는 걸까? 혹시 무슨 사고라도 당한 건 아닐까? 도대체 무엇을 하기에 이렇게 소식이 없는 거야. 어떻게 할까? 무작정 기다릴 수도 없고…….'

그녀는 조바심이 나서 입술이 바짝바짝 마르기 시작했다. 기다림에 지쳐 날아가는 호수 갈매기에게 도움을 청하고자 애처로이 불러봤지만 갈매기마저 그녀를 외면한 채 멀리멀리 날아가 버렸다. 산바람에게 도움을 청할까 불러봤지만 구름 없는 밤이면 깊은 잠에 빠져드는 산바람 역시 아무런 대답이 없었다. 그녀는 마지막으로 고요하게 마을을 비추고 있는 은빛 달에게 호소했다.

"달님, 청년에게 가는 길을 알려 주세요. 길을 밝혀줄 수 없다면 저를 하늘에라도 데려다 주세요. 오늘이 지나면 나는 노인의 후첩이 된답니다. 노인에게 시집을 가느니 차라리 밤하늘의 빛나는 별이 되겠어요. 제발 부탁이에요. 지금 청년이 제 곁에 올 수 없다면 차라리 저를 별이 되게 해주세요."

그녀는 달을 향해 애원했다.

한편 청년은 둘의 도주를 눈치 챈 노인의 부하들과 싸우느라 만신창이가 되어 있었다. 여인을 생각하는 마음에 있는 힘껏 부하들을 무찌른 청년은 엉금엉금 기어 약속장소에 갔다. 하지만 아무리 노력해도 그녀의 흔적을 찾아볼 수 없었다. 그저 머리 위에 수정같이 빛나는 별만이 그를 비출 뿐이었다. 순간 청년은 그녀가 더 이상 이 세상 사람이 아니라는 것을 눈치챘다. 그리고 하늘을 향해 목이 터지도록 절규했다. 현실에서 사랑을 이루지 못한 청년은 슬픔을 억누르지 못하고 절벽에 몸을 던져 호수에 떨어졌다. 청년은 호수의 수면에 일렁이는 잔잔한 파도가 되어 별을 보았다. 밤이면 별이 된 여인과 파도가 된 청년은 서로를 애틋한 눈빛으로 쳐다보았다.

오늘날에도 이 전설은 사람들의 입을 통해 전해 내려오고 있으며, 키르기스스탄의 이쓰쿨 호수에는 수많은 관광객들의 발길이 끊이지 않는다.

To love someone is to identify with them.
누군가를 사랑한다는 것은 자신을 그와 동일시 하는 것이다.

Aristotle

2부.
진정한 사랑의 묘약

돌과 물로 변해 버린 사랑(파르하드와 쉬린) • 돼지치기 소년과 공주(진정한 사랑의 묘약)
칭기즈칸의 어머니, 어울룽 우징(대평원 같은 사랑의 마음) • 사랑을 잃고 나는 우네
도시냥의 보물상자 • 사시나무의 전설 • 솔로몬과 시바 • 순간의 실수
악기와 작은 냄비 • 효심이 생기는 고로타 나무 • 운명을 극복한 사랑

돌과 물로 변해 버린 사랑

파르하드와 쉬린

우즈베키스탄

아주 먼 옛날, 작은 마을에 늙고 가진 것 없는 한 노인이 살고 있었다. 그 노인에게는 파르하드라는 소중한 아들이 하나 있었다. 어느 날 노인은 자신의 몸이 예전 같지 않음을 깨닫고 언제인지 정확히는 알지 못하나, 곧 다가올 죽음을 준비하며 파르하드에게 이야기하였다.

"사랑하는 아들아, 미안하다. 내가 가진 게 없어 이 삽밖에 너에게 물려줄 만한 재산이 없구나. 이 삽을 가지고 네가 열심히 일을 한다면 먹고 사는 데는 큰 문제가 없을 거야. 만약에 내가 갑작스럽게 죽게 된다면 내가 죽을 때 이 상자와 함께 날 묻어다오. 만약에 이 상자를 함께 묻지 않는다면 너에게 큰 불행이 일어날 거다. 알겠니? 꼭 함께 묻어야 한다."

시간이 흘러 아버지는 조용히 숨을 거두었고 아들은 아버지의 유언대로 관에 상자를 함께 묻으려다 아름다운 상자를 보니 문득 호기심이 발동했다. 상자 안에 무엇이 들었는지 궁금했던 아들은 아버지의 간곡한 당부를 잊은 채 상자를 열어보고 말았다.

그 상자 안에는 작고 오래된 듯한 거울이 하나 있었는데 자세히 들여다보니 거울 안에 예쁜 아가씨들이 꽃밭에서 산책을 하고 있는 모습이 보였다. 그 중에서 가장 아름다운 아가씨와 눈이 마주치자 파르하드는 그만 정신을 잃고 쓰러졌다.

그때 마침 친구인 샤푸르가 한 손에 거울을 쥔 채 쓰러진 파르하드를 발견하였다. 그는 거울 안에 있는 아름다운 여인들의 모습을 보고 불안함을 느꼈다. 그리고 재빨리 파르하드의 얼굴에 물을 뿌려 정신을 차리도록 했다. 정신이 돌아온 파르하드는 눈앞에 계속해서 거울 속의 아름다운 여인이 아른거려 아무것도 할 수가 없었다.

여인에 대한 그리움으로 시간이 흐를수록 파르하드는 야위어갔다. 그런 그를 보다 못한 샤푸르가 함께 그 아름다운 여인을 찾아 떠나자고 제안을 하였다.

기약 없는 먼 길을 떠난 두 사람은 오랜 시간이 지나 아주 높은 산으로 둘러싸인 베고바트라는 도시에 도착하였다. 아직 여름인데도 도시의 나무들은 모두 앙상한 가지만 남아 있었다. 그리고 도시의 사람들은 하나같이 모두 삽으로 바위를 깨고 있었다. 파르하드와 샤푸르가 놀라서 물어봤다.

"저기, 왜 그렇게 힘들게 바위를 깨고 계세요?"

"아, 이 바위를 뚫기 시작한 지 벌써 3년이 지났다오. 이 바위만 깨지면 이곳에 사는 사람들이 편안하게 물을 마시고 살 수 있는데, 예전처럼 평화롭게 말이야……."

그 말을 들은 파르하드는 그들을 돕고 싶은 마음에 아버지가 주신 삽으로 바위를 힘껏 쳤다. 하지만 바위가 깨지기는커녕 삽은 보란 듯이 두 동강이 나 버리고 말았다.

파르하드는 이 도시에 있는 모든 삽을 가져오라고 했고, 그 삽들을 모아 하나의 커다란 삽을 만들었다. 100명이 힘을 합해도 들 수 없었던 커다란 삽을 거뜬히 들어 올린 파르하드의 한 번의 삽질로 거대한 바위는 부서지기 시작했다. 그리고 갈라진 틈새 사이로 물이 시원하게 흘러나오는 것을 보고 여기저기서 기쁨의 함성이 터져 나왔다.

마을 사람들과 함께 열심히 일을 하고 있던 파르하드는 옆에 누군가가 다가오는 것을 느꼈다. 고개를 든 파르하드는 너무 놀라 기절할 뻔 했다. 그 여인은 바로 자신을 이곳까지 오도록 이끈 거울 속의 아름다운 여인이었던 것이다.

그 여인은 베고바트 지역을 관리하고 있는 굴체흐라는 여왕의 조카 쉬린이었다. 쉬린은 여왕의 귀에 못이 박히도록 "스르다리야 강(중앙아시아에 있는 큰 강 중의 하나)의 방향을 골로드나야 초원 쪽으로 바꾸는 힘 센 사람과 결혼을 할 거예요."라고 말하고 다녔는데 우연히 파르하드가 바위에 구멍을 내고 물의 방향을 바꾸는 것을 본 것이다. 파르하드와 쉬린은 첫눈에 서로에게 빠져드는 것을 느꼈지만 두 사람에게는 신분의 차이라는 큰 장벽이 있었다.

어느 날 여왕은 파르하드를 위해 만찬을 열었다. 성대한 만찬회가 열리는 동안 손님들은 즐거워하며 만찬을 즐겼다. 그러나 정작 파르하드와 쉬린은 아무것도 먹지 않은 채 아쉬워하며 서로 바라만 보고 있었다.

이때 갑자기 이란의 대사가 여왕을 만나고자 찾아왔다. 쉬린이 아름답다는 소문을 들은 이란의 왕 호스로브가 어여쁜 쉬린을 아내로 맞이하고 싶어 대사를 보낸 것이었다.

여왕은 조카를 늙은 호스로브 왕에게 보내기 싫었다. 그러나 그의 제안을 거절한다면 큰 전쟁이 일어날 우려가 있었다. 밤새 고민하던 여왕은 이란 대사를 불러 이렇게 말했다.

"왕이 어린 쉬린에게 관심을 가져 주신 것 감사합니다. 하지만 결혼시키기에 쉬린은 너무 어리고 철이 없습니다. 아직은 때가 아닌 것 같습니다."

이 말을 전해 들은 호스로브 왕은 화가 나서 베고바트 지역에 전쟁을 선포했다. 파르하드는 그들과 맞서 싸우기로 했다. 힘이 센 파르하드가 산에 올라가 힘찬 함성으로 돌진하는 이란 군대들을 향해 커다란 돌을 던지자 수많은 이란 군사들이 싸워보지도 못한 채 바위에 깔려 죽었다. 이런 일들이 반복되자 호스로브 왕은 전쟁에서 결코 승리할 수 없다는 것을 깨달았다. 그리하여 교활한 대신과 함께 쉬린을 아내로 맞이하기 위한 다른 음모를 꾸미기 시작했다.

다음 날 이란의 대사가 군대를 이끌지 않고 혼자 여왕에게 왔다. 그는 웃으면서 능청스럽게 말을 하였다.

"여왕님, 이번 전쟁은 호스로브 왕이 베고바트 사람들의 힘과 결속력을 시험해 보신 겁니다. 무례했다면 노여움을 푸시기 바랍니다. 그리고 왕은 쉬린 공주의 사랑을 억지로 쟁취하고 싶지 않다고 하셨습니다. 다만 쉬린 공주가 스르다리야 강을 골로드나야 초원 쪽으로 방향을 바꾸는 사람과 결혼하고 싶어 한다고 했다는데 그것이 사실입니까?"

여왕이 그렇다고 대답하자, 대신이 다시 한 번 능청스레 웃으며 말을 이었다.

"그렇다면, 호스로브 왕이 공주님의 소원을 들어줄 것 같습니다. 결혼 준비를 하셔야 할 것 같습니다."

쉬린은 이란의 대신을 비웃었다. 쉬린은 힘세고 늠름한 파르하드가 강의 방향을 바꾸는 것을 성공할 것이라고 믿었다. 그러나 그런 믿음에도 불구하고, 마음 한 구석에는 불안함이 남았다. 그래서 쉬린은 대신에게 오늘 안으로 강의 방향을 초원 쪽으로 바꾸는 사람과 결혼할 것이라는 공고를 내도록 하였다. 이 소식을 들은 파르하드는 얼굴에 기쁨을 감추지 못한 채 콧노래를 부르며 일을 하기 시작했다.

'이것은 하늘이 준 기회야. 이번 기회를 통해 쉬린 공주에게 청혼을 해야지.'

한편, 궁궐 안에서는 여왕이 호스로브 왕과의 화해 만찬을 열고 있었다. 이때 창밖을 보던 쉬린은 순간적으로 자신의 눈을 의심했다. 달빛에 비치어 반짝거리던 스르다리야 강의 물이 초원을 향해 흘러가고 있는 것이 아닌가?

쉬린은 결국 의기양양한 호스로브 왕과 어쩔 수 없이 그 자리에서 결혼식을 올리게 되었다. 그녀는 파르하드에 대한 그리움과 서러움으로 눈물을 감출 수가 없었다.

이러한 사실도 모른 채 강의 방향을 초원으로 바꾸기 위해 밤새도록 열심히 일을 한 파르하드는 마지막으로 강의 방향을 바꿀 삽질을 앞두고 지나가는 바람의 안타까운 속삭임을 들었다.

'어리석은 파르하드… 쉬린은 이미 호스로브 왕의 아내가 되었는데…….'

'뭐라고? 내가 잘못 들은 거지? 쉬린은 나를 사랑해. 나와 결혼해야 한다고!!!'

파르하드는 심장이 찢어질 듯한 아픔을 느끼며 쉬린이 있는 궁궐로 미친 듯이 달려갔다. 창가에 울고 있는 쉬린의 모습이 보였지만 그는 아무 말도 하지 못한 채 안타깝게 쉬린을 바라만 볼 수밖에 없었다.

그런데 아침이 되어 창문을 연 쉬린은 깜짝 놀라 소리치며 울음을 터뜨리고 말았다.

'속았어. 감쪽같이 속았단 말이야. 파르하드... 내 사랑 파르하드....'

교활한 호스로브 왕이 쉬린과 결혼하기 위해 그녀를 속인 것이었다. 간밤 쉬린의 눈에 비친 것은 물이 아니라 초원에 깔아놓은 길고 반짝거리는 천이었던 것이다.

이미 돌이킬 수 없는 결혼을 한 쉬린은 파르하드에 대한 그리움으로 밤새 울었다. 이때 흘린 쉬린의 눈물이 모여 지금의 거대한 강이 생겼고, 쉬린을 그리워한 파르하드의 안타까운 모습이 그대로 담겨 있는 거대한 바위는 지금 스르다리야 강가에 그대로 보존되어 있다. 많은 사람들이 이곳을 지날 때마다 쉬린과 파르하드의 안타까운 사랑이 느껴져 숙연해진다고 한다.

돼지치기 소년과 공주
진정한 사랑의 묘약

유럽

어느 작은 왕국에 가난한 왕자가 살고 있었다. 왕자는 결혼을 하고 싶었다. 그래서 이웃에 있는 큰 나라 황제의 딸에게 청혼했다.

그가 감히 황제의 딸에게 "나를 사랑하오?"라고 물어 본 것은 정말 용기 있는 행동이었다. 하지만 왕자는 젊고 혈기왕성했으며 인물과 재주가 출중했기 때문에 그럴 만한 자격이 있었다. 그 말을 다른 나라 공주들에게 했다면 공주들은 모두 그의 청혼을 고맙게 받아들였을 것이다. 그러나 황제의 딸은 그렇지 않았다.

그 왕자 아버지의 무덤 위에는 아름다운 장미 나무 한 그루가 자라고 있었다. 5년에 한 번씩 한 송이만 꽃을 피우는 매우 아름다운 나무였다. 또 장미꽃 향기는 어찌나 달콤한지 한 번 향기를 맡은 사람은 누구나 모든 근심과 걱정을 한순간에 잊어버렸다.

또한 왕자에게는 온갖 아름다운 노래를 부를 줄 아는 나이팅게일도 있었다. 왕자는 그가 가장 귀하게 여기는 장미꽃과 나이팅게일을 은으로 만든 두 개의 상자에 넣어서 공주에게 보냈다.

황제는 공주에게 선물을 가져다주라고 했다. 공주는 소꿉놀이를 좋아해서 늘 시녀들과 함께 놀이를 즐겼다. 작고 예쁜 은상자를 보자 공주가 좋아서 손뼉을 치며 펄쩍펄쩍 뛰었다.

"여기에 예쁜 새끼 고양이가 들어 있었으면 좋겠어."

공주가 이렇게 말하며 상자를 열었다. 하지만 상자 속에는 장미꽃이 들어 있었다.

"어머나, 정말 예쁘네요!"

시녀들이 눈부신 장미꽃을 보며 감탄했다.

"예쁜 정도가 아니라 참으로 절묘하구나."

황제도 탄성을 질렀다. 그러나 공주는 장미를 만져 보더니 실망한 듯이 말했다.

"아빠, 이건 유리로 만든 게 아니라 진짜 살아있는 거잖아요."

공주가 괜히 트집을 잡자 시녀들이 다 같이 소리를 질렀다.

"어머! 진짜 장미네!"

"자, 화내지 말고 다른 상자를 열어 보자꾸나."

황제가 공주를 타일렀다.

이번에는 은상자에서 나이팅게일이 나왔다. 나이팅게일이 어찌나 아름답게 노래하던지 사람들은 입을 다물지 못했다.

"최고예요! 정말 매혹적이에요!"

이번에도 시녀들이 탄성을 질렀다.

"저 새를 보니까 돌아가신 황후의 자동 연주 악기가 생각나는군요. 음색이나 리듬이 그 소리와 똑같아요."

한 늙은 신하가 말했다.

"그대 말대로군."

황제도 신하의 말에 동의하고는 이내 죽은 아내가 생각이 나, 어린 아이처럼 울음을 터뜨렸다.

"이 새도 진짜인지 알고 싶어."

하고 공주가 말했다.

"그 새는 물론 진짜랍니다."

선물을 가져온 수행원 중에 한 명이 말했다.

"그렇다면 새를 날려 보내겠어."

라며 공주는 새를 날려 보냈다. 이뿐만 아니라 콧대 높은 공주는 심부름꾼을 보내 왕자가 자신의 나라에 들어오는 것을 허락하지 않겠다고 전했다.

왕자는 실망했지만 어여쁜 공주의 진짜 마음이 어떤지 직접 확인해야겠다는 생각을 하게 되었다. 왕자는 까만 구두약을 얼굴에 칠하고 머리에 낡은 모자를 쓴 초라한 모습으로 황제의 황궁을 찾아갔다.

"안녕하십니까, 황제님. 저는 이 궁전에서 일을 하고 싶습니다."

황제가 문을 열어주자 초라한 모습으로 변장한 왕자가 말했다.

"그래? 일자리를 찾는 사람이 너무 많아서 말이야."

황제는 이렇게 대답하며 고개를 갸웃거렸다.

"어디 보자. 마침 돼지 돌보는 사람이 필요한데, 아주 잘됐구나. 우리 궁전에는 돼지가 많거든."

그래서 작은 왕국의 왕자는 황제의 돼지를 돌보는 돼지치기가 되었다. 돼지우리 옆에는 작고 더러운 방이 하나 있었는데 그 곳이 바로 왕자가 지낼 곳이었다. 왕자는 온종일 돼지를 돌보고 나머지 시간에는 작고 예쁜 단지 둘레에 방울들을 달았다. 그 단지에 음식을 끓이면 방울들이 아주 은은하고 아름다운 노래를 연주했다.

아, 사랑하는 아우구스틴.

모든 것이 끝났구나, 끝났구나!

그런데 신기하고 놀라운 것은 단지가 끓을 때 나는 수증기 속에 손가락을 대기만 하면 어느 집에서 무슨 음식을 만드는지 금방 알 수 있다는 것이었다.

하루는 시녀들과 산책을 나온 공주가 단지에서 흘러나오는 노래를 듣게 되었다. 공주는 걸음을 멈추고 얼굴에 미소를 머금은 채 노랫소리에 귀를 기울였다. '아, 사랑하는 아우구스틴!'은 공주가 잘 아는 노래였다. 그 곡은 공주가 눈 감고도 연주할 수 있는 곡이었다.

"내가 아는 노래야! 저 돼지치기는 아주 교양 있는 사람인가 보구나. 돼지치기에게 가서 저 악기가 얼마인지 물어 보아라."

공주가 흥분하여 말했다. 명령을 받은 시녀는 발에 돼지 오물이 묻지 않도록 먼저 나막신을 신고 돼지우리로 향했다.

"그 단지를 얼마면 팔겠니?"

시녀가 돼지치기에게 물었다.

"공주님이 입을 열 번 맞춰 주면 그냥 주겠소."

하고 돼지치기가 말했다.

"뭐라고?"

시녀가 놀라서 소리를 질렀다.

"그 이하는 안 되오."

돼지치기는 단호했다.

"그 돼지치기가 뭘 원하더냐?"

공주가 돼지우리에 갔다 온 시녀에게 물었다.

"말씀드릴 수 없사옵니다."

시녀가 얼굴을 붉히며 말했다.

"그렇다면 나한테만 살짝 말해 다오."

시녀는 공주의 귀에 대고 돼지치기가 요구한 것을 속삭였다.

"참으로 짓궂구나!"

공주는 버럭 화를 낸 후 걸음을 옮겼다. 그러나 채 몇 발자국도 가기 전에 다시 작은 방울 소리가 들렸다. 방울 소리 연주는 아까보다 더 달콤하고 아름다웠다.

아, 사랑하는 아우구스틴.

모든 것이 끝났구나, 끝났구나!

"들어라, 돼지치기에게 가서 시녀의 입맞춤을 대신 받으면 안 되겠냐고 물어 보아라."

공주가 다시 걸음을 멈추고 시녀에게 명했다.

"싫습니다. 공주님이 아니면 절대로 안 됩니다."

공주의 말을 전해 들은 돼지치기가 딱 잘라 말했다.

공주는 하는 수 없이 돼지치기에게 입을 맞추기로 했다.

"참으로 난처하구나. 아무도 보지 못하도록 너희들이 가리고 있으렴."

시녀들은 공주 주위에 빙 둘러서서 치맛자락을 들어 아무도 보지 못하게 가렸다. 그렇게 해서 돼지치기는 공주에게 입맞춤을 받았고, 공주는 단지를 얻었다.

단지의 요술을 알게 된 공주는 매우 즐거워했다. 공주는 시녀들과 함께 하루 종일 단지를 끓였다. 그래서 어느 집에서 무슨 음식을 만드는지 훤히 다 알게 되었다. 백작의 집이건 양치기의 집이건 그들의 저녁 식탁에 어떤 음식이 오르는지 다 알 수 있었다. 시녀들은 너무 신기해서 손뼉을 치며 재미있어 했다.

"누가 달콤한 스프를 먹는지, 누가 팬케이크를 먹는지, 그리고 누가 오트밀 죽과 고기를 먹는지 다 알 수 있네요. 정말 신기해요."

"대단하군요!"

왕궁 살림살이를 맡아보는 관리인도 한 마디 했다.

"모두 입 다물어. 내가 공주라는 걸 잊지 마."

공주가 말했다.

"맹세코 한 마디도 않겠어요."

시녀들과 관리인이 대답했다.

'음..... 공주는 얼굴이 어여쁘지만, 고집과 허세가 심한 편이구나!'

왕자인 돼지치기는 또 다시 딸랑이를 하나 만들었다. 그 딸랑이는 아주 신기해서 흔들기만 하면 이 세상에 있는 왈츠, 폴카 등 온갖 노래들이 흘러 나왔다.

돼지우리 앞을 지나던 공주가 그 소리를 듣게 되었다.

"정말 훌륭하구나! 이보다 더 아름다운 노래는 들어 본 적이 없어. 얘들아, 가서 저 악기가 얼마인지 물어 보아라. 하지만 이번에는 절대로 입을 맞추지 않을 테다."

"공주님, 이번에는 입을 백 번이나 맞춰 줘야 그 악기를 주겠답니다."

돼지치기에게 다녀온 시녀가 말했다.

"미치광이군!"

공주는 화를 내며 그냥 가려다 다시 걸음을 멈추고 말했다.

"예술은 장려하는 법이라고 했지. 난 황제의 딸이야. 그에게 말해라. 내 입맞춤 열 번만 받고 나머지는 시녀들에게 받으라고."

"하지만 우린 돼지치기한테 입을 맞추고 싶지 않은 걸요."

시녀들이 일제히 투덜거렸다.

"쓸데없는 소리! 내가 할 수 있다면 너희들도 할 수 있어. 내가 너희들에게 잠 잘 방과 음식을 제공하는 이유가 뭐지?"

공주가 버럭 화를 내며 말했다.

그래서 시녀 한 명이 돼지치기에게 가서 공주의 말을 전했다. 그러나 돼지치기는 공주가 아니면 절대 안 된다고 했다. 공주는 할 수 없이 그렇게 하기로 했다.

"주위에 빙 둘러 서거라!"

시녀들이 공주를 둘러싸고 공주는 왕자에게 입을 맞추기 시작했다. 마침 발코니에 나와 있던 황제가 그 모습을 보았다.

"저기 돼지우리에 웬 소란이냐?"

황제가 눈을 비비고 자세히 보았다.

"시녀들이 몰려 있군. 대체 저기서 뭣들 하는 거지? 가봐야겠어."

황제는 덧신 뒤축을 끌어 올렸다. 그 덧신은 뒤축이 찢어지긴 했지만 황제가 가지고 있는 덧신 중에서 제일 편했다. 황제는 황급히 돼지우리로 뛰어갔다.

돼지우리에 가까이 간 황제는 시녀들이 눈치 채지 못하도록 발끝으로 살금살금 다가갔다. 시녀들은 돼지치기가 한 번이라도 입맞춤을 더 받거나 덜 받을까 봐 입 맞추는 수를 세는 데 정신이 팔려 뒤에 발끝으로 서있는 황제를 보지 못했다.

"대체 무슨 일이냐?"

가까이 다가간 황제가 큰소리로 호통을 쳤다. 그 때 돼지치기는 여든 여섯 번째의 입맞춤을 받을 참이었다. 그것을 본 황제는 깜짝 놀라서 덧신 한 짝을 벗어 시녀들의 머리를 때리기 시작했다.

"괘씸한 것들 같으니라고. 당장 나가거라!"

황제는 화가 나서 고함을 질렀다.

공주와 돼지치기는 왕궁에서 쫓겨나고 말았다. 공주는 엉엉 울었으며 돼지치기는 투덜댔다. 그때 비가 내리기 시작했다.

"아, 가련한 내 신세! 차라리 그때 왕자와 결혼했더라면 이런 일은 없었을 텐데. 아, 너무 슬퍼."

공주가 울부짖으며 말했다.

돼지치기는 나무 뒤로 가서 구두약을 바른 얼굴을 말끔하게 씻어 내고 화려한 왕자의 옷으로 갈아입고 다시 공주 앞에 나타났다. 왕자의 모습이 어찌나 늠름한지 공주는 자기도 모르게 허리를 굽혀 인사했다. 하지만 왕자의 태도는 차갑기만 했다.

"난 당신을 비웃어 주려고 왔소. 당신은 착한 왕자를 거절하고 아름다운 장미와 나이팅게일의 진가를 알아보지 못했소. 그러면서 한낱 장난감을 가지려고 돼지치기에게 입을 맞추었소. 그럼 잘 있으시오."

이렇게 말한 왕자는 자기 왕국으로 돌아가 성문을 닫아버렸다. 공주는 성문 밖에 서서 애달프게 노래를 불렀다.

아, 사랑하는 아우구스틴.
모든 것이 끝났구나. 끝났구나!

정말로 모든 것이 끝나고 만 것이다.

칭기즈칸의 어머니, 어울룽 우징
대평원 같은 사랑의 마음

몽골

예로부터 몽골족 가운데는 미인이 많았다. 특히 헌기라드 아이막의 여자들이 예쁘기로 유명했다. 칭기스칸의 어머니, 어울룽 우징은 그 지역 올흐노드 부족 출신이었다. 그녀는 뭇 남성들의 마음을 사로잡을 정도로 매혹적이며 아름다웠기 때문에 호시탐탐 그녀를 탐내는 사내들이 많았다.

처녀가 되면서 눈이 부실 정도로 아름다워진 어울룽은 메르키트 부족장의 동생인 칠레두에게 시집을 가게 되었다. 그 소문은 몽골의 한 부족을 다스리고 있던 초원의 풍운아 예수가이의 귀에도 흘러들어갔다.

예수가이는 아름다운 어울룽을 빼앗기 위해, 형과 동생을 데리고 칠레두와 어울룽을 뒤쫓았다. 어울룽은 사납고 무서운 얼굴을 한 세 명의 괴한들이 쫓아오는 것을 보고 이런 상태가 계속되면 자기도 잡혀갈 뿐만 아니라 칠레두에게 위험이 닥칠 것을 예상했다.

어울룽이 칠레두를 향해서 힘껏 목청을 높여 말하였다.

"저 세 사람이 왜 쫓아오는 줄 아세요? 바로 저를 차지하기 위해서예요. 멀리서 보기에도 표정이 아주 험악해요. 저 사람들은 아마도 당신의 생명을 해칠 것이 분명해요. 여기서 살아남는다면, 좋은 아내를 맞는 것이 어렵지 않을 거예요. 만약에 내가 그리우면 후처를 내 이름으로 부르세요. 난 저 사람들을 따라갈 수밖에 없는 운명이에요. 어쨌든 지금은 당신 생명을 구하시고, 내 옷에 밴 냄새를 맡고 살아가세요."

라고 하면서 입었던 옷을 벗어 던졌다.

칠레두는 그 옷을 낚아채어 재빨리 오농강의 상류로 달아났다.

그제야 마음을 좀 진정시킨 어울룽은 예수가이 장군을 향해서 말하기를,

"만약 칠레두를 쫓아가 죽인다면 저 역시 목을 찔러 이 자리에서 당장 죽겠어요."

라고 말했다. 예수가이는 그런 그녀의 모습을 높이 평가해서,

"미인으로만 생각했는데, 지혜롭고 몹시 용감하구나."

라고 칭송하며 예의를 갖춰 어울룽을 아내로 삼았다.

이렇게 해서 어울룽은 메르키트 족과 몽골 족이 피맺힌 원한을 품게 될 위험을 피하게 했다.

어울룽은 비록 납치되었지만 지나간 과거만을 붙잡고 살 수만은 없는 노릇이었다. 그녀는 애끓는 이별사로 첫 남자 칠레두를 떠나보낸다.

사랑하는 님에게 나의 속옷을 바칩니다.
당신은 다시 사랑하는 여인을 만나
내 속옷의 향기처럼 그 여인을 대하소서.
그리고 영원토록 그대를 사모할 내 사랑의 향기도 잊지 마소서.
당신은 비바람 휘몰아치는 광야에서
나를 그리며 울고 있지는 않나요?
배고픔에 싸인 채
흐르는 눈물을 두 손으로 닦고 있지는 않나요?
당신은 그 고운 머리털을 휘날리며
지금 어디쯤 가고 있나요?
아! 나의 사랑! 칠레두…

1170년에 예수가이가 타타르족의 꾐에 빠져 죽임당하자, 어울룽은 네 명의 아들과 딸 한 명을 가진 과부로 남게 되었다. 초원을 호령하던 당당한 사내의 여자에서 졸지에 그녀는 생존의 위협을 스스로 감당해야 하는 풍전등화 같은 운명에 처해진 것이었다.

이때부터 그녀는 자기 백성들에게서뿐만 아니라 친척들에게조차 안 좋은 대접을 받게 되었으며, 얼마 후 백성들은 그녀의 가족을 버리고 오농강을 향해서 이동했다.

어울룽은 그들을 좇아가서 백성들의 일부를 데리고 돌아왔지만 이미 많은 백성들이 떠나고 난 후였다. 어울룽과 그녀의 어린 아이들에게는 힘이 없었고 미래가 불확실했기 때문이었다.

그러나 그녀는 그러한 운명을 그대로 받아들이지 않고, 아이들에게 귀족의 후손인 것을 항상 상기시켜 주면서 넓은 마음과 강한 의지를 갖도록 길렀다. 어울룽은 아름다운 얼굴만큼이나 강인한 생명력을 지닌 여인이었으며, 비록 남편은 이 세상을 떠나고 곁에 없었지만 항상 넉넉하고 강인했던 그의 핏줄들을 앞세워 언젠가 부족을 다시 일으킬 꿈을 버리지 않았다.

나중에 맏아들 테무친(칭기즈칸)이 통일 몽골국의 대왕이 된 후에 '분열 국가를 통합시킬 때 고생하신 어머니'라고 하며 어울룽을 대몽골국의 높은 자리에 모셨다. 그리고 어머니의 교훈을 국가 정책의 기준으로 받아들이고 따를 것을 신하들과 백성들에게 공표한 바 있다.

사실 어울룽은 분열된 몽골을 하나로 만드는 일의 중요성을 테무친에게 언제나 당부하고 상기시킨 여장부였다. 그리고 실제로 칭기즈칸이 그것을 실행했으므로 그녀는 칭기즈칸만이 아니라 전 몽골 제국의 어머니라고 불리게 된 것이다.

한 번은 칭기즈칸이 동생 하사르를 잡아다가 윗옷의 소매를 묶고 모자와 허리띠를 몰수하며 심문하고 있었다.

이때 어울룽이 밤새도록 마차를 타고 가서 하사르의 손에 묶인 끈을 풀어 준 후 테무친의 분노를 가라앉히며, 무릎을 꿇고 앉아 자신의 젖을 꺼내며 이야기했다.

"이것이 보이느냐? 네가 빨아먹은 젖이다. 테무친 너는 양쪽 젖을 다 먹지 못했다. 하치옹과 치깅 둘이서도 한쪽 젖을 다 먹지 못했다. 하지만 하사르는 양쪽의 젖을 다 먹고 내 가슴을 시원하게 해 주었다. 테무친 너는 지혜가 있고, 하사르는 힘이 세기 때문에 하사르가 쏜 화살의 힘으로 적들을 무찔렀다. 그런데 이제 적들을 다 무찔렀다고 네가 하사르를 미워하는 것이냐?"

라고 꾸짖었다.

이 말을 들은 칭기즈칸은

"어머니의 말씀을 들으니 너무 무섭고 부끄럽습니다. 다시는 그러지 않겠습니다."

라고 반성했다.

그 당시 칭기즈칸은 이미 몽골 전 대륙을 지배하는 위대한 칸이었기에 어느 누구도 감히 그에게 이런 말을 할 수 없었다. 그것은 분명히 칭기즈칸의 어머니, 어울룽만이 보일 수 있는 위엄이었던 것이다.

그렇게 엄하고 강인한 여인이자 어머니였지만 자식에 대한 따스한 모정은 그녀로 하여금 평생을 근심과 염려 속에 눈물짓게 했다.

한 번은 칭기즈칸이 금나라와 싸우러 전쟁터에 나갈 때 어울룽이

"이번에 널 보내면 왠지 다시는 널 보기 힘들 것 같구나. 다른 장수를 보내고 너는 출정하지 않으면 안 되겠니?"

라고 얘기하며 슬픈 얼굴로 울었다고 한다.

그렇지만 금나라가 칭기즈칸의 기대를 몇 번이나 어긋나게 했기 때문에 금나라를 공격하여 반드시 쳐부수겠다는 강한 의지를 가지고 칭기즈칸은 전쟁터로 나갔다.

"어머니, 저는 전쟁터가 곧 집인 사람입니다. 아무 일 없을 테니 너

무 심려치 마세요."

그러나 칭기즈칸이 금나라를 향해 떠난 며칠 후 어울룽은 세상을 떠났고, 전장에서 이 소식을 전해 들은 칭기즈칸은 너무 큰 충격에 기절까지 했다고 전해지고 있다. 생의 마지막 순간, 자식을 곁에 두고 싶었던 어머니의 예감이 고스란히 맞아떨어진 것이다.

사랑을 잃고 나는 우네

일본

먼 옛날, 어느 마을에 가난하지만 순박한 젊은이가 홀로 살고 있었다. 어느 따뜻한 봄날이었다. 젊은이는 여느 때와 다름없이 일을 끝내고 노래를 흥얼거리며 집으로 돌아왔다. 오늘 하루도 아무 탈 없이 잘 보낼 수 있었음에 감사하는 마음으로 충만해 있었다.

그런데 마을 어귀에 도착했을 때 새하얀 학이 다쳐 길가에 쓰러져 있는 것을 보게 되었다. 가늘고 긴 목과 다리, 하얀 깃털이 지금까지 한 번도 본 적 없었을 만큼 눈부실 정도로 아름다운 학이었다.

'이이구, 불쌍해라! 어쩌다 저렇게 다쳤을까?'

젊은이는 그냥 지나칠 수 없어 학을 집으로 데려와 먹이도 가져다주고, 다친 곳도 정성껏 치료해 주었다. 혼자 외롭게 살던 젊은이는 학을 가족처럼 생각하며 함께 있음을 행복해했다.

하루, 이틀 시간이 흐를수록 학은 생기를 되찾았고 하얀 날개는 더욱 더 빛났다.

“학아, 네가 함께 있으니 참으로 외롭지 않구나. 내가 다친 너를 치료해 준 것이 아니라 오히려 네가 외로운 내 마음을 치료해 주었구나. 나는 이대로 너랑 함께 있는 것이 좋지만 너는 네 몸이 다 나았으니 이젠 너의 집으로 돌아가야 할 것 같구나.”

그로부터 며칠 후 학은 힘차게 하늘로 날아올라갔다. 학은 한동안 하늘을 빙글빙글 돌면서 그 자리를 떠나지 않았다. 마치 감사의 인사를 하는 것 같았다.

“잘 가라, 다시는 아프지 마.”

시간은 흐르고 어느덧 추운 겨울이 왔다. 하루는 젊은이가 집에 있는데 사람의 인기척이 들려 나가보니 하얀 얼굴의 아름다운 처녀가 서 있었다.

“오늘 밤, 제가 묵을 데가 없어서 그런데 하루만 쉬었다 가도 될까요?”

“아, 그렇습니까? 고생이 많았겠군요. 집이 누추하지만 괜찮다면 여기서 편히 쉬었다 가세요.”

젊은이는 기분 좋게 그 처녀를 맞아들였다.

“감사합니다. 그 대신 제가 당신을 돕고 싶어요.”

처녀는 맛있는 요리를 만들어 주고, 청소를 하는 등 젊은이를 잘 도와 주었다.

"외모뿐만 아니라 마음까지 정말 아름다운 처녀네. 이런 아름다운 여인이 나와 평생 함께해 준다면 얼마나 좋을까?"

라고 젊은이는 머릿속으로 생각했다.

젊은이는 처녀와 함께하는 시간이 행복했고 즐거웠다.

젊은이의 집에 처녀가 찾아온 다음날 아침이었다. 간밤에 엄청나게 내린 눈으로 온통 눈이 쌓여 길이 막혀 버려 도저히 어디로 움직일 수 없는 상황이 되고 말았다. 처녀는 젊은이에게 눈이 쌓여서 바로 돌아갈 수 없으니 당분간 이곳에서 계속 머무르고 싶다고 했다. 젊은이는 낯선 처녀가 하는 말이 왠지 좀 이상하기는 했지만 이토록 아름다운 처녀와 함께라면 외롭지 않고 행복한 나날을 보낼 수 있을 것 같아 흔쾌히 그러라고 말했다.

"감사합니다. 그 대신 제가 당신을 돕고 싶어요. 저는 베를 조금 짤 줄 아는데 베틀을 구해 주시겠어요?"

처녀가 미소를 지으며 말했다.

"아, 낡았지만 이 방에 베틀이 있긴 합니다. 그럼 이 방을 쓰세요."

처녀는 방에 들어가더니 문을 닫았다. 방문 안에선 철커덕, 찰카닥 베틀소리가 들려왔다. 한참 후에 처녀가 방에서 나왔는데 그녀의 손에서 빛이 났다. 그녀의 손에는 새하얗고 진귀한 학 무늬의 비단이 들려 있었다.

"이것을 팔아 돈으로 바꿔 쓰세요."

"어떻게 이럴 수가! 정말 놀랍군요. 아무튼 고마워요. 그럼 바로 팔러 갔다 오겠습니다."

젊은이는 바로 옷감을 팔러 장에 나갔다. 아름다운 비단이었기에 비싼 가격에 팔렸다. 젊은이는 신바람이 나서 집으로 돌아왔다.

"그런데 어떻게 그리 아름다운 비단을 짰나요? 장에 나갔더니 다들 사겠다고 난리입니다."

처녀는 젊은이를 바라보며 부드럽게 미소 지으며 말했다.

"비단은 언제든 짜 드릴 수 있어요. 대신 제가 비단 짜는 동안에는 절대 방에 들어오시면 안 돼요. 약속이에요."

"예, 그렇게 하도록 하지요. 약속하지요."

젊은이는 처녀의 베 짜는 솜씨를 직접 한 번 보고 싶기도 했지만, 처녀가 그것만은 절대로 안 된다고 부탁하였다. 젊은이도 곧 아름다운 비단만 짜 준다면 그 정도쯤이야 어려운 일이 아니라 생각하게 되었다.

처녀는 한 필, 두 필 비단을 짰고 젊은이는 그 비단을 팔아 점점 돈을 많이 벌게 되었다. 그런데 늘어난 돈과 함께 어느덧 젊은이의 마음에도 욕심이 늘어났다. 이제는 마음씨 착하고 예쁜 처녀와 함께 사는 것보다 비단을 팔아 돈을 버는 것을 더 좋아하게 되었다.

"더 많은 비단을 짜 줘야지, 안 그래?"

젊은이는 더 이상 착하고 순박하던, 길가의 다친 학을 치료해 주던 지난날의 모습이 아니었다.

또한 젊은이네 집에 아름다운 처녀가 산다는 것과, 그 처녀는 그 누구도 흉내 낼 수 없는 하얀 빛깔과 진귀한 학 무늬의 비단을 짠다는 소문이 온 마을에 퍼졌다.

이윽고 젊은이의 비단은 영주의 눈에까지 띄게 되었다. 영주는 아름다운 처녀와 함께 사는 젊은이를 시샘하게 되었고, 그를 이용해 비단도 얻고 아름다운 처녀도 빼앗으려고 마음먹었다. 영주는 하인을 시켜 젊은이를 불러오게 했다.

"당신이 하얀 빛깔과 진귀한 학 무늬의 비단을 짠다는 젊은이요?"

"예, 그렇습니다. 제가 이 마을에서 가장 비싼 값에 팔릴 정도로 멋진 비단을 파는 사람이지요. 영주님도 비단이 필요하십니까? 제게 부탁하시면 그야말로 식은 죽 먹기입니다. 돈만 주신다면 언제든지 구해다 드리죠. 히히히."

영주는 자신을 위해 많은 옷감을 짜면 100배 비싼 가격으로 사겠다고 말했다. 젊은이는 신이 나서 집으로 달려가며,

"이야– 집에 돌아가면 처녀에게 더 많이 옷감을 짜라고 말해야겠어. 거참– 기분 좋네."

라고 소리쳤다.

젊은이는 기뻐하며 집으로 돌아왔다. 그러나 아직 다음 옷감이 완성되어 있지 않았다. 요즘 들어 처음처럼 옷감이 빨리 만들어 지지 않아 젊은이는 짜증이 났다. 처녀를 보고 젊은이는 한숨을 쉬었다.

"휴– 옷감을 빨리 만들어 두라고 했잖아!"

그런데 처녀는 영 안색이 안 좋아 보였고, 그 곱던 얼굴은 야위어 당장이라도 쓰러질 것 같았다. 그런데도 젊은이를 위해서 처녀는 겨우 힘을 내어 말했다.

“제가 더 짤 수 있는 옷감은 이제 딱 한 장뿐이에요. 한 가지 부탁이 있는데, 결코 방 안을 들여다보지 말아 주세요.”

그러자 짜증난다는 듯이 젊은이는 말했다.

“몇 번을 이야기하는 거야. 알았어. 방을 들여다보지 않을 테니, 한 장밖에 안 된다 하지 말고 더 많이 짜도록 해!”

처녀는 겨우 기운을 차려 방으로 들어왔다. 처녀는 울면서 베를 짰다. 철커덕 찰카닥, 철커덕 찰카닥, 철커덕 찰카닥.

‘흑흑– 다친 나를 따스하게 보살펴 주던 좋은 사람이었는데. 내가 잘못한 것일까? 좀 더 참고 베를 짜면 언젠가 나에게 돌아와 줄까?’

처녀는 자신의 몸에서 깃털을 뽑아 베를 짜며 울었다. 처녀는 문득 깨달았다.

‘내 날개의 깃털이 이젠 날 수 없을 만큼 줄어들었구나. 나는 더 이상 당신을 위해 비단을 짜 드릴 수 없어요. 딱 한 번만 더 비단을 짜 드리겠어요. 더 이상 짜다가 저는 죽을지도 몰라요.’

만약에 지금 당장 떠나지 않으면 자신이 더 이상 못 살게 될 것이라는 생각과 따뜻한 눈길, 정겨운 말 한 마디 해주지 않는 야속한 젊은이를 생각하며, 처녀는 눈물을 흘렸다. 처녀는 곰곰이 생각한 끝에, 집을 나가기로 결심했다.

한편 방 앞에서 젊은이는 처녀에게 너무 다그치고 화를 낸 것을 후회하고 있었다.

'아차, 내가 너무 심하게 말했구나. 어떻게 하지. 속상해서 옷감을 안 짜주면 어쩌나. 좀 더 노력해 주어야 할 텐데. 나중에 기분을 풀어 주면 괜찮을 거야. 어차피 딱히 갈 곳이 없는 데다 나를 마음에 들어 하는 것 같고.'

그 때 젊은이는 문득 방 안이 궁금해졌다.

'한 번만 살짝 들여다보자, 뭐 어때?'

호기심에 방 안을 몰래 들여다 본 젊은이는 그만 눈이 휘둥그레 졌다.

"아니, 너는."

방 안에는 깃털이 거의 빠져 볼품없는 학 한 마리가 베를 짜며 눈물을 흘리고 있었던 것이다.

"당신이 절 봐버렸군요. 맞아요. 나는 그때 당신이 구해 준 학입니다. 은혜를 갚기 위해서 최선을 다해 당신을 도왔어요. 하지만 이대로 계속 베를 짜면 나는 날 수 없는 학이 돼 버려요. 학은 날 수 없게 되면 살 수가 없어요. 미안해요. 나는 이제 그만 가려고 해요. 사랑했기에 당신을 믿었는데."

울음 섞인 말을 남긴 채, 학은 비틀거리는 몸을 추스른 후 겨우 하늘로 날아갔다.

학은 다친 날개를 바라보면서 생각했다.

'나는 나를 구해준 그 사람을 정말 사랑했어. 그가 기뻐하는 모습을 보는 것이 마냥 행복했을 뿐인데. 돈, 돈, 이것 때문이구나. 그 사람은 나를 이용했지만, 어쩌면 나에게도 책임이 있었을지 몰라. 하지만 이제 모두 다 끝났어.'

그제야 지나친 욕심으로 학을 병들어가게 한 자신의 잘못을 깨달은 젊은이는 울면서 학을 뒤쫓았다.

"학아! 네가 없어지면 나는 어떻게 살아? 학아, 학아, 이렇게 떠나면 나는 어쩌라고."

학은 마음이 아팠지만, 울면서 계속 날아갔다. 있는 힘을 다해 가능한 한 멀리멀리 날아갔다. 다친 자신을 치료해 살려준 젊은이와 평생을 함께하고 싶었지만 그럴 수 없는 현실이 힘겨운 몸보다 더 마음을 아프게 했다.

순간 젊은이의 가슴 한쪽이 시렸다. 함께 살면서도 그 소중함을 모르다가 이제 떠나고서야 그 사랑을 절실히 알게 된 젊은이의 가슴에는 새하얗고 진귀한 학 무늬의 비단 한 필이 눈부시게 빛나고 있었다.

"학아! 학아, 너 없으면 나는 어쩌라고."

도시냥의 보물상자

중국

중국 명나라 경성 지방에 춘광원이라는 유명한 기생집이 있었다. 그곳에는 출중한 용모로 유명한 여인들이 많았는데 그 중에서도 도시냥이라는 기생이 아주 유명했다. 도시냥은 뛰어난 미모, 청아한 음색, 예술적 재능으로 동네 사람들에게는 물론, 이웃 동네 사람들에게까지 명기 중에 명기라는 칭송을 받았다. 도시냥에 대한 소문은 사람들의 입을 타고 돌고 돌았고 이 중에는 믿기 힘든 소문까지 떠돌았다.

"그녀의 모습을 보고 나면 말이야. 날아가는 기러기도 행로를 잃고 떨어지고 달도 구름 뒤에 숨어 버린다지. 아름다운 꽃 또한 자신의 모습이 부끄러워 고개를 숙인다고 할 정도니, 놀라울 따름이야."

수많은 남자들은 그녀의 옷깃이라도 보기 위해 늘 춘광원 앞에 장사진을 이루었다. 심지어 황궁 귀족에서부터 돈 좀 있다 하는 사내들은 도시냥의 자태를 볼 수 있다면 천만금도 아깝지 않다고 말하기가 일쑤였고 너나 할 것 없이 춘광원 밖을 서성였다. 도시냥은 함부로 웃음을 팔거나 몸을 파는 보통 기생이 아니었기에 더욱 더 뭇 남성들의 마음을 애타게 했다. 그녀를 품에 한 번 안아 보고자 춘광원 문턱이 닳도록 드나들며 가산을 탕진한 남자들이 한둘이 아니었다.

하늘같은 영화를 누리고 모든 남자들에게 사랑을 받고 사는 도시냥이지만 그녀에게는 오직 한 가지, 간절한 소원이 있었다. 그 소원은 아주 소박하고 자그마한 것이었다. 열세 살 어린 나이에 기루에 팔려와서 열아홉이 되기까지 진정한 사랑을 한 번도 느껴 보지 못했기 때문에 도시냥은 자신을 진정으로 사랑하는 사람이 찾아오길 기다렸다. 매일 밤 도시냥은 사랑하는 사람이 어서 나타나게 해 달라고 정성을 다해 기도했다.

그러던 어느 날, 도시냥은 준수한 용모의 한 서생을 우연히 만나게 되었다. 그의 이름은 이갑으로 절강성 도지사의 아들이었다. 과거 시험을 치르기 위해 난징으로 가던 중 경성 친구 집에 잠시 머무르게 된 이갑은 기방을 제 집처럼 드나드는 친구 류위촌의 꼬임에 넘어가 생전 처음 기방을 방문하게 되었다. 그곳에서 도시냥을 본 이갑은 여느 남자처럼 그녀에게 첫 눈에 반했고 이내 사랑하게 되었다. 평소 여자 보기를 돌같이 하던 이갑에게도 빼어난 용모의 도시냥은 어쩔 수 없는 노릇이었다. 온갖 달콤한 거짓말로 자신의 환심을 얻으려는 사내들만 봐오던 도시냥 역시 순수하고 수수한 이갑을 보니 마음이 움직이기 시작했다. 두 사람은 누가 먼저랄 것도 없이 서로에게 빠져들기 시작했고 그 누구도 막을 수 없을 정도로 열렬히 사랑하게 되었다. 기방 어미도 지체 높은 양반도 두 사람을 말릴 수 없었다.

눈 깜짝할 사이, 일 년이라는 시간이 흘렀다. 과거시험 때문에 집을 떠나 온 이갑은 일 년 동안 기방에서 생활하느라 부모로부터 받은 노잣돈을 몽땅 다 쓰고 말았다. 졸지에 거렁뱅이가 된 이갑은 과거 시험 날이 다가오자 초조해졌다. 아득고 멀게만 느껴졌던 과거 시험 날이 닥쳐왔고, 결과는 당연히 낙방이었다. 발 없는 말이 천리를 가고 나쁜 소식일수록 빨리 퍼진다고 했던가. 멀리 절강성에 있는 이갑의 아버지에게까지 이갑이 기생과 놀아나다 돈도 잃고 과거에도 낙방했다는 소식이 전해졌다. 크게 노한 이갑의 아버지는 이갑에게 당장 집으로 돌아오라는 전갈을 보냈다. 아버지의 전갈을 받은 이갑은 어찌할 바를 몰랐다. 설상가상으로 낙방 소식을 들은 기방 어미까지 빈털터리가 된 이갑을 내쫓으려 들었다.

이갑을 진심으로 사랑하는 도시냥도 이갑 못지않게 속이 타들어갔다. 이갑과 함께 있고 싶었지만 이갑이 빈털터리가 된 마당에 가당치도 않은 바람이었다. 가족의 신임마저 잃고 기방에서 거지꼴이 되어 쫓겨 날 이갑의 처지를 생각하니 도시냥은 가슴이 답답해져 왔다. 며칠 뒤, 참다못한 기방 어미가 이번에는 모질게 마음을 먹었는지 아침부터 다짜고짜 방문을 열어 제치고 이갑의 멱살을 잡아 끌어내기 시작했다.

"야! 이 뻔뻔스러운 거렁뱅이야. 여기가 무슨 거렁뱅이 먹여 주고 재워 주는 곳인 줄 아는 게냐? 돈도 없고 과거에도 실패했으면 집으로 돌아갈 것이지 무슨 낯짝으로 여기 붙어 있어? 언제까지 내가 공짜 밥을 먹여줄 것 같으냐! 당장 도시냥 곁에서 떨어져라 이놈!"

날벼락 같은 기방 어미의 횡포에 쩔쩔매는 이갑의 모습을 보자 도시냥이 눈에 불을 켜고 대들기 시작했다.

"어머니, 그동안 공자님이 이곳에 들인 돈이 얼마인 줄 아시오? 지금 사정이 좀 좋지 않기로서니 이렇게 공자님에게 면박을 주시다니요. 이 분이 누구의 자제분인지 잊으신 겁니까?"

"그래? 그렇게 능력 있는 댁의 자제분이라면 돈으로라도 너를 사가면 되겠구나."

"그게 정말이에요, 어머니?"

"그래, 어디 돈이 있으면 당장 너를 데려가라고 해보거라."

기방 어미는 이갑에게 사흘 안으로 은 오백 냥을 가지고 오면 도시냥을 놓아 주겠다고 약속했다. 만일 사흘 안에 은 오백 냥을 가져오지 못할 경우에는 도시냥과 깨끗이 헤어지고 도시냥 역시 예전 기방 기생으로 돌아와야 한다는 것을 전제 조건으로 내세웠다. 사흘 안에 은 오백 냥을 구해 오는 것은 거의 불가능한 일이였으므로 기방 어미는 훗날을 대비해 자신에게 유리한 조건으로 도시냥에게도 열심히 일할 것을 다짐 받았다. 기방 어미에게 도장까지 찍힌 서약서를 받아 든 이갑은 조금 망설였지만 뾰족한 수가 없었다. 이갑은 서둘러 돈을 마련하기 위해 길을 떠났다. 기방에 빠져 과거 시험까지 낙방했다는 소식을 이미 들은 친구들은 이갑에게 등을 돌렸다. 그나마 돈을 꿔주겠다고 나선 친구는 이갑을 처음 기생방에 소개한 류위촌뿐이었다. 그러나 그가 꿔 준 돈은 겨우 은 백 냥이 전부였다. 은 백 냥을 손에 쥐고 힘없이 돌아 온 이갑의 모습을 보자 도시냥은 찢어질 듯 가슴이 아팠다.

"공자님, 제가 가지고 있는 전부입니다."

도시냥은 그동안 틈틈이 모은 은 이백 냥을 이갑 앞에 내놓았다.

"도시냥 안되겠소. 이제 겨우 삼백 냥밖에 모으지 못했는데 어찌 하루 만에 이백 냥을 더 마련할 수 있겠냔 말이오."

어쩌면 마지막 밤이 될 수 있을지도 모른다는 생각에 두 사람은 서로를 부둥켜안고 뜬눈으로 밤을 지새웠다. 이윽고 날이 밝았다. 이른 아침부터 누군가 도시냥의 방문을 두드렸다. 운명의 시간이 온 것일까? 두근대는 마음으로 방문을 열자 뜻밖의 손님이 찾아와 있었다. 손님은 도시냥의 절친한 친구 월양이었다. 그녀가 다짜고짜 방으로 들어와 도시냥 앞에 은 이백 냥을 내려놓으며 말했다.

"도시냥! 나의 가장 친한 벗! 진정한 사랑을 찾은 너에게 내가 주는 마지막 선물이다. 너는 모든 기생들의 희망이야. 이제 소중한 가정을 꾸려 우리들의 한을 풀어주길 바라."

진정한 사랑을 만나 기생 신분을 벗고 혼인을 하는 것은 모든 기생들의 꿈이었기에 월양은 기꺼이 도시냥을 도와주고 싶었다. 자기를 대신해 친구 도시냥만이라도 행복할 수 있다면 더 없이 기쁜 일이 아닐 수 없었다.

그때 기생 어미가 장정 몇 명을 앞세우고 도시냥의 방에 들이닥쳤다.

"그래. 오늘이 약속한 날짜다! 돈은 마련되었겠지?"

안 그래도 바짝 올라간 기생 어미의 눈초리가 오늘따라 더 드세어 보였다. 기생 어미가 두 사람을 향해 삿대질을 하며 당장이라도 달려들 기세로 쏘아붙였다.

"자, 여기 있소."

이갑이 당당하게 돈 꾸러미를 꺼내 놓자 기생 어미는 화들짝 놀랐다. 어떻게 이 많은 돈을 단 사흘 만에 구했단 말인가. 이럴 줄 알았다면 오백 냥보다 더 많은 돈을 요구할 것을. 괜한 약정서까지 써 두어 우기지도 못하는 심정에 울화통이 터졌다. 기생 어미는 울며 겨자 먹기로 도시냥을 이갑에게 넘겨주었다.

바라던 대로 두 사람은 자유의 몸이 되어 길을 떠날 수 있게 되었다. 둘의 행복한 모습을 본 춘광원은 몰래 도시냥을 불러다가 금은보석이 가득 든 상자를 건네주며 부디 행복하게 살기를 당부했다.

이갑은 도시냥을 데리고 고향으로 향했다. 배가 고향집에 가까워질수록 이갑의 얼굴에는 그늘이 드리워졌다. 도시냥을 데리고 기루에서 빠져 나온 것은 좋았지만 기생인 도시냥을 집으로 데리고 간다는 것은 도저히 엄두가 나지 않았다. 무엇보다도 가문을 중시하는 이갑의 부모님이 기생 출신의 도시냥을 아내로 맞이하겠다고 하면 집 안에 발도 들여놓지 못할 것이 뻔했다. 그 정도는 양호한 편이다. 최악의 경우에는 도시냥은 바다 속에 던져져 고기밥이 될 수도 있었다. 우유부단하고 마음이 약한 이갑은 이러지도 저러지도 못하고 괴로워했다. 이갑은 도시냥을 데리고 집 근처 이웃 마을로 향했다. 일단 궁리를 마련하고 생각을 정리하기 위해 며칠 여관에서 묵었다 가기로 했다. 도시냥을 여관에 두고 답답한 마음에 술을 한 잔 하러 주막에 들른 이갑은 그곳에서 손부라는 고향 장사꾼을 만나게 되었다. 모처럼 고향 사람과 술을 마신 이갑은 거나하게 취해 자신의 답답한 심정을 모조리 털어 놓았다. 명기 중에 명기인 도시냥의 이름을 듣자 손부는 귀가 솔깃해졌다.

"도련님, 지금 어르신의 노여움이 얼마나 크신지 모르시죠? 아마 도시냥을 데리고 갔다가는 도시냥은 물론 도련님의 목까지 내치실 겁니다."

"그러니 이 답답한 노릇을 어쩌면 좋단 말입니까."

괴로워하는 이갑의 마음을 눈치 챈 손부가 재빠르게 속삭였다.

"은 오백 냥을 드릴 테니 도시냥을 잠시 저에게 맡겨두고 도련님은 부모님을 먼저 찾아뵙도록 하십시오. 부모님의 노여움이 좀 누그러지시면 그때 도시냥을 데려가는 것이 어떻겠습니까?"

장사꾼의 말을 듣고 보니 일리가 있는 말이었다. 일단 부모님을 안정시키고 나서 장사꾼이 준 은 오백 냥으로 도시냥과 살 집을 구한다면 별 문제가 없을 듯 생각되었다. 이갑은 그 자리에서 손부의 제안을 받아들였다.

이갑이 여관에 돌아왔을 때 도시냥은 먼저 잠이 들어 있었다. 새근새근 잠든 도시냥의 얼굴을 보자 이갑은 갑자기 서러움이 복받쳐 올라 눈물을 왈칵 쏟아냈다. 울음소리에 잠이 깬 도시냥이 깜짝 놀라 까닭을 물었다.

"당신도 알다시피 아버지께서는 우리를 절대 받아들일 수 없다고 하실 거요. 아버지는 나는 물론이고 당신까지 죽이려 들게 뻔해. 그래서 말인데, 실은 술집에서 손부라는 고향 사람을 만났소. 그가 날이 밝는 대로 당신을 데리러 올 것이오. 손부가 당신을 잘 보살펴 준다고 약속했소. 내가 부모님의 허락을 받아올 때까지 손부의 보살핌을 받으며 조금만 기다려주시오. 그것이 당신과 나를 위한 방도이니...... 내 부모님의 허락을 받는 대로 큰 집을 사서 당신을 찾아가리다."

그는 도시냥에게 은 오백 냥을 받은 이야기까지 사실대로 털어 놓았다. 도시냥은 잠자코 이야기를 듣고 있다가 이내 묘한 웃음을 지으며 이갑에게 물었다.

"공자님, 그러면 은 오백 냥을 다 받았다는 말씀입니까?"

"아니, 당신의 허락을 받은 후에 오백 냥을 받기로 했소."

"그런 좋은 기회를 놓치면 어쩌려고 돈을 먼저 받지 않으셨나요. 그 자리에서 당장 돈부터 받으셨어야지요. 좋아요. 공자님 말씀대로 하겠습니다."

도시냥은 아무 말 없이 다시 잠자리에 들었다.

날이 밝자마자 손부가 여관에 찾아왔다. 도시냥은 떠나기 전 마지막으로 가볼 것이 있다며 손부와 이갑을 데리고 바닷가로 향했다. 바닷가에 도착하자 가슴에 지니고 있던 상자를 이갑에게 내밀었다.

"첫 번째 서랍을 열어 주세요."

이갑은 영문도 모른 채 도시냥이 시키는 대로 첫 번째 서랍을 열었다. 거기에는 금빛 찬란한 금비녀가 여러 개 들어 있었다. 도시냥은 한 치의 망설임도 없이 금비녀를 모조리 꺼내 바다에 던져 버렸다. 깜짝 놀란 손부가 놀라서 소리쳤다.

"이게 무슨 짓이오! 그것들은 천 냥도 넘는 값비싼 것들이오."

하지만 도시냥은 아랑곳하지 않고 두 번째 서랍에 있는 백옥과 비취들을 꺼냈다. 형형색색 곱디고운 백옥과 비취들도 바다 속으로 내동댕이쳤다. 이갑과 손부가 말려도 도시냥은 멈추지 않았다. 세 번째 서랍을 열자 진주와 야명주가 쏟아져 나왔다. 도시냥은 그것 역시 모조리 바다에 던져 버렸다. 도시냥을 말리다 힘이 빠진 이갑이 대성통곡을 했다.

"당신에게 이렇게 많은 보물이 있는 줄 알았다면 내 이렇게 어리석은 짓을 하지 않았을 것이오."

그제야 도시냥은 쌀쌀맞게 웃으며 이갑을 향해 입을 열었다.

"이 보물들은 온갖 사람들에게 갖은 천대를 받으면서도 내 웃음을 흘려 평생을 악착같이 모아온 것들입니다. 여기에는 내 동무들의 피와 한이 맺혀 있습니다. 당신을 만나 기생의 신분을 벗게 된 나를 축하하기 위해 동무들이 건네 준 소중한 선물입니다. 저는 이 보물을 갖고 당신과 함께 고향으로 돌아가 행복한 가정을 꾸리려 했습니다. 당신 부모님께 이 보물을 모두 드리고 제발 저를 받아 달라고 간곡하게 부탁드릴 생각이었습니다. 기생의 신분이지만 당신에 대한 사랑을 저버리거나 의심한 적이 단 한 번도 없었습니다. 당신은 눈은 있지만 눈동자가 없어 사랑을 저버리고 사리사욕에 눈이 어두워졌군요. 제가 오늘 이 보물 상자를 꺼낸 이유는 제 마음을 당신께 보여 드리기 위함입니다. 기생보다도 못한 당신의 사랑을 다른 사람들에게 보여 주고 싶었습니다. 그리고 제 마음이나 다름없는 보물 상자를 바다에 버린 것은 아무도 손 댈 수 없게 만들기 위함입니다."

도시냥은 마지막으로 이갑의 손에 들려진 보물 상자를 빼앗아 들고 바닷물에 몸을 던졌다.

"아! 어리석도다. 바보처럼 인생의 진실과 허위를 구분하지 못하고 여전히 남에게 이끌려 진실한 사랑을 저버리다니!"

자신의 사랑을 끝까지 지키지 못하고 도시냥의 죽음을 바라보기만 했던 이갑은 자리를 떠나지 못하고 눈물만 흘렸다.

이후 사람들의 입을 통해 갖은 보석들이 바닷물에 빠졌다는 소식이 퍼져나갔다. 많은 사람들은 보석을 손에 넣고자 바다 속에 뛰어들었으나 도시냥이 빠져 죽은 지점의 물살이 너무 세서 아무도 보물 상자를 찾을 수 없었다고 한다.

사시나무의 전설

리투아니아

아주아주 먼 옛날 바다 근처 한적한 마을에 대가족이 살고 있었다. 아버지와 어머니를 비롯하여 아들 아홉에 딸이 셋, 모두 열네 명의 대가족이었지만 이들은 서로를 아끼며 오순도순 행복하게 살고 있었다. 그 중 눈에 넣어도 아프지 않을 만큼 예뻐 귀여움을 독차지하고 있는 것은 열다섯 살인 막내딸로 이름은 애글레(전나무)였다.

어느 날 세 자매가 물놀이를 하기 위해 강가에 나가게 되었다. 신나게 놀고 난 뒤 애글레가 옷을 입으려 벗어놓은 옷가지를 집어 들었다. 그러나 놀랍게도 옷소매에는 큰 뱀이 또아리를 틀고 앉아 애글레를 노려보고 있었다. 세 자매는 너무도 놀란 나머지 온몸을 오들오들 떨면서 어쩔 줄 몰라 했다. 간신히 정신을 차린 애글레의 첫째 언니가 돌을 번쩍 들어 뱀을 쳐 죽이려고 하는 찰나, 애글레의 귓가에 누군가 속삭이는 듯한 말소리가 들려왔다. 자세히 들어보니 그것은 사람의 목소리가 아니었다.

"애글레여, 나를 무서워하지 마오. 나와 결혼한다고 약속만 해준다면 옷은 금방이라도 돌려주겠소. 부디 왜냐고 묻지 말고, 사흘 뒤 나와 결혼하겠다고 약속해 주오."

정신이 혼미해진 애글레는 지금 이 순간이 생사의 갈림길이라는 생각에 너무도 겁이 나 이성적인 판단을 내릴 수가 없었다. 그저 이 위기의 순간을 빨리 벗어나고 싶을 뿐이었다. 그리하여 엉겁결에 무슨 의미인지, 또 어떤 대답의 결과를 초래할지 상상하지 못한 채 떨리는 목소리로 그러겠다고 약속을 해버렸다. 애글레의 대답과 동시에 소매 속에 똬리를 틀고 있던 뱀이 온데간데없이 사라져 버렸다. 세 자매는 그제서야 안도의 한숨을 내쉬며 오늘 있었던 이 기이한 일을 악몽으로 생각하자며 어린 애글레를 위로했다.

사흘 뒤 뱀과의 청혼을 거행해야 하는 운명의 아침이 다가왔지만 애글레와 언니들은 뱀과의 약속을 모두 까맣게 잊어버리고 있었다. 그런데 아침부터 마당에서 큰 소리가 들려와 자고 있던 가족들의 단잠을 깨웠다. 온 가족이 마당으로 나갔을 때 그곳에는 형형색색의 뱀들이 꽃마차 주위에 우글거리며 모여 있었고, 그 중 제일 큰 뱀이 애글레의 부모에게 다가가 입을 열었다.

"사흘 전에 귀댁의 따님이 우리의 왕과 결혼을 약속했기에 따님을 데리러 왔소. 어서 막내 따님을 내놓으시오."

"설마, 그럴 리가요? 그렇지만, 약속을 했다면 어길 수는 없는 일, 그렇게 하겠소. 잠시만 기다려 주시오. 단장을 해서 내보내리다."

애글레의 아버지는 예상과 달리 순순히 대답했다. 하지만 사실 가족들의 안전을 위해 말로는 약속을 지키겠다고 한 것이었다. 사랑하는 막내딸 애글레를 보기만 해도 소름이 끼치는 저 뱀에게 시집보낼 수는 없지 않은가? 부모는 생각 끝에 뱀들이 가져온 꽃마차에 하얀 오리를 애글레인 것처럼 꾸며서 태워 보냈다. 아무것도 모르는 뱀들이 꽃마차를 끌고 숲 속으로 들어오자 뱀들과 친한 뻐꾸기들이 큰소리로 울어댔다.

"뻐꾹 뻐꾹, 마차 안에 있는 건 애글레가 아니다. 하얀 오리다. 뻐꾹 뻐꾹."

뱀들은 뻐꾸기의 노래를 듣고 마차 속을 들춰 보았다. 마차 안에는 뻐꾸기들의 말처럼 애글레 대신 오리 한 마리가 들어 있었다. 뱀들은 그 길로 마차를 돌려 애글레의 집으로 돌아갔다. 서슬 퍼런 뱀들의 모습을 본 아버지는 일부러 그런 것이 아니라며 손사래를 쳤다. 그리고는 하인들이 실수를 한 모양이라며 이번에는 확실히 애글레를 보내겠다고 변명했다. 말은 그러하마 하고 또 그렇게 내뱉었지만 이번에도 역시 하얀 양을 애글레인 것처럼 꾸며 마차에 태워 보냈다. 뱀에게 자신의 딸을 시집보내려는 부모가 어디 있겠는가? 그 누구도 어쩔 수 없는 상황이었다. 뱀들과 마차가 다시 숲에 다다랐을 때, 이번에도 뻐꾸기가 울어댔다.

"뻐꾹 뻐꾹, 이번에도 신부가 아니다, 하얀 양이다. 너희는 또 속았다. 뻐꾹 뻐꾹."

뱀들은 두 번씩이나 자신들을 속인 애글레 가족에게 말할 수 없이 화가 났다. 애글레 가족들은 사나운 이빨을 드러낸 채 혀를 날름거리며 집 안으로 들어서는 뱀들을 보자 너무 무서워서 혼비백산하며 여기저기 숨어 버렸다. 뱀들은 큰 소리로 진짜 애글레를 보내지 않으면 모두 죽여 버릴 것이라며 호통을 쳤다. 결국 애글레는 가족들의 반대를 뒤로하고 울며 뱀을 따라 나섰다.

"사랑하는 부모님, 오빠들, 언니들, 죄송해요. 무심결이긴 했지만 제가 사흘 전에 뱀과 약속을 했으니 이제 시집을 가야 해요. 그 동안 보살펴 주시고 이렇게 키워 주셔서 진심으로 감사드려요. 하지만 이제 뱀을 따라가면 영영 볼 수 없을 거예요. 이제부터 저는 사랑하는 딸과 동생이 아니라 뱀의 아내가 될 테니까요. 부디 몸 건강히 안녕히 계세요. 흑흑흑."

억지로 참았던 눈물을 쏟아내며 애글레는 부모님과 형제들을 향해 마지막 작별의 인사를 했다. 뱀의 마차에 올라 숲에 다다르자 뻐꾸기가 또 다시 울어댔다.

"뻐꾹 뻐꾹, 이제는 신부가 맞다네. 새 신부를 환영하오. 뻐꾹 뻐꾹."

뻐꾸기들의 환영소리를 뒤로 한 채 뱀들은 바닷가로 향했다. 애글레를 태운 마차가 깊은 바다 속으로 들어가 몇 시간을 달리자 큰 왕궁이 보였다. 그 왕궁 문 앞에는 아주 멋있고 잘 생긴 남자가 애글레를 향하여 손짓하고 있었다.

"애글레여, 나를 모르겠소? 내가 바로 당신의 소매에 있었던 질비나스라고 하오. 이게 바로 내 진짜 모습이라오. 난 이곳에서는 사람의 형상을 할 수 있지만, 뭍에 나가면 흉측한 뱀의 외형을 가질 수밖에 없는 운명을 지고 있다오. 당신은 이런 나의 허물을 보고도 결혼 약속을 해주어 고마웠소. 과정이야 어찌됐든 우리가 이렇게 결혼을 하게 되었으니 오래오래 행복하게 살아봅시다."

억지로 약속한 결혼이었지만 애글레는 질비나스의 헌신적인 사랑에 감복하여 그를 진정으로 사랑하게 되었다. 둘의 행복하고 따뜻한 결혼생활은 어느덧 15년이 지났다. 애글레와 질비나스 사이에는 네 아이가 생겼다. 아들 셋의 이름은 아쥘라스(오크나무), 베르자스(자작나무), 워시스(물푸레나무)로 지었고, 막내딸의 이름은 드래불레(사시나무)로 지었다. 늘 활기 넘치고 행복한 바다 속 생활을 가족들은 모두 만족해했다.

그러던 어느 날 장남인 아쥘라스가 왜 우리는 외갓집이 없느냐며 아쉬워하는 말투로 엄마인 애글레에게 이야기했다. 큰 아들의 이야기를 들은 애글레는 그동안 애써 잊고 지냈던 친정 식구들을 떠올리며 깊은 슬픔에 잠기게 되었다. 그리움을 견디지 못한 애글레는 남편을 찾아가 잠시 친정에 다녀오면 안 되겠느냐고 조심스럽게 물었다. 질비나스는 부인의 뜻을 완강히 반대했다. 하지만 애글레가 계속해서 부탁하자 마음이 약해질 수밖에 없었다. 애글레가 한 번 뭍으로 떠나면 다시는 돌아오지 않을지도 모른다는 생각에 질비나스는 친정에 가기 전에 마무리할 일이 있다면서 삼 부스러기를 주었다.

"부인, 거기 있는 삼 부스러기를 모두 빻은 다음에 친정에 가시오. 그래야 남은 가족들이 끼니를 거르지 않을 수 있지 않겠소?"

애글레는 곧 친정에 갈 수 있다는 부푼 마음에 바로 삼 부스러기를 빻기 시작했다. 그러나 어찌된 일인지 양이 별로 많지 않았는데도, 이상하게 여러 날이 지나도 일이 끝나지 않았다. 애글레는 궁궐 근처에 사는 신이 내렸다는 할머니의 집을 찾아가 이 까닭을 물었다.

"할머니, 이 삼 부스러기를 어떻게 하면 다 빻을 수 있을까요?"

"아, 이거? 이대로는 다 빻을 수가 없지. 삼 부스러기 한 줌을 불에 던져 보게. 그러면 빻을 수 있을 거야."

애글레가 삼 부스러기의 일부를 불에 던지자 불꽃 사이로 뱀이 보였다. 그 뱀이 삼 부스러기 안에서 계속 삼을 만들었기 때문에 끝도 없이 부스러기가 나왔던 것이었다. 애글레가 불꽃 속의 뱀을 죽이고 나자 거짓말처럼 재빨리 삼을 빻을 수 있었다. 삼을 다 빻았다고 하자 질비나스는 애글레에게 구두 한 켤레를 주면서 조금만 더 머물다 가기를 간청했다.

"이 예쁜 구두를 당신에게 주겠소. 이 구두가 다 닳아 못 신게 된다면 그때 다른 신발을 주어 집에 갈 수 있도록 허락해 주겠소."

그러나 그 구두는 무쇠로 만든 구두였다. 애글레가 아무리 열심히 신발을 신고 걸어도, 무쇠로 만든 구두는 닳지 않고 그대로였다. 애글레는 다시 신이 내렸다는 할머니의 집을 찾아가 물었다.

"아, 이 구두? 이걸 신어서 닳아 없어지기를 바란다는 건 쇠구슬을 밭에 심어 새싹이 돋아나기를 기다리는 것과 같네. 결코 닳아서 못 신게 될 리가 없는 물건일세. 그러니 저 건너편 대장장이 집에 한 번 가보게. 그러면 아마 도와줄 수 있을 걸세."

애글레가 할머니의 당부대로 쇠 신발을 가지고 대장장이에게 가자, 그는 구두를 불로 녹여 더 이상 신을 수 없게 만들어 주었다. 질비나스도 더 이상 애글레의 친정행을 막을 핑계거리가 없었다. 하지만 오랜 궁리 끝에 마지막 묘책을 세웠다.

"좋소, 이제 잘 다녀오시오. 그런데 맨손으로 친정에 갈 수는 없지 않겠소? 선물이라도 챙겨 가야 할 텐데. 내 생각에 장인 장모가 파이를 좋아했으니, 그걸 만들어 가면 좋을 거 같은데, 내 생각이 어떻소?"

질비나스의 권유형 말투는 사실 명령과 다를 바 없었다. 질비나스는 신하들에게 궁에 있는 식기를 모두 숨기라고 명령하였다. 그리하여 궁에는 구멍 난 그릇 하나만 남았다. 애글레가 여러 가지 방법을 다 사용해 봤지만 구멍 난 그릇으로 파이를 만들 수는 없었다. 모든 게 소용없는 짓이었다. 애글레는 또 다시 신기 어린 할머니를 찾았다.

"밀가루를 물하고 섞은 다음에 잘 반죽해서 구멍을 막아 보게. 그러면 파이를 만들 수 있을 걸세."

애글레는 할머니의 조언을 따라 맛있는 파이를 만들 수 있었다. 애글레를 더 이상 말릴 수 없었던 질비나스는 아내와 아이를 바닷가까지 배웅하면서 당부했다.

"잘 놀고, 잘 다녀오시오. 하지만 당신은 아흐레만 친정에 머무를 수 있다는 사실을 명심해야 하오. 아흐렛날 자정 안으로는 꼭 돌아와야 하오. 특히 돌아올 때 미행하는 사람이 없나 주위를 잘 둘러봐야 하오. 절대로 어느 누구도 이곳까지 따라오게 해서는 안 되오. 그리고 아흐렛날에 여기에 도착하면 나를 이렇게 불러주시오. '질비나스, 내 사랑하는 질비나스, 아직 살아 있으면, 하얀 우유 거품으로, 벌써 죽어 있으면, 빨간 피의 거품으로, 어서 나오세요, 어서 나오세요.' 이렇게 불렀을 때 만약에 하얀 거품이 나오면 난 아직 살아 있는 거고, 빨간 거품이 나오면 난 벌써 죽은 몸이오. 다른 사람들에게 이 이야기는 절대로 들려주지 마시오. 이건 우리만의 비밀이니까. 약속해줄 수 있소? 꼭 부탁하겠소! 부디 건강하게 잘 다녀오기를 바라오."

애글레와 네 남매는 질비나스가 한 말을 비밀로 하겠다고 약속하고 친정으로 향했다. 다시는 막내딸을 볼 수 없을 줄 알았던 애글레의 가족들은 애글레의 갑작스런 방문에 아주 기뻐했다. 애글레가 돌아온 첫날밤 가족은 쉽게 잠들지 못하고 한 방에 둘러앉아 날이 새도록 이야기를 나누었다. 가족들은 신기한 듯 그 동안의 바다 속 생활에 대해서 끊임없이 질문을 했다. 애글레는 행복한 바다 생활의 모든 이야기를 다 들려주었지만 남편에 대해서는 묵묵부답으로 일관했다. 가족들은 애글레의 귀향을 몹시 기뻐했지만 애글레가 다시 해저 왕국으로 가면 앞으로는 정말로 영영 볼 수 없을 것이라면서 바다로의 귀가는 절대로 안 된다고 애글레를 설득했다. 애글레의 오빠들 역시 애글레에게 바다로 돌아가지 말라고 단호하게 이야기했다. 그리고 그들은 애글레의 장남인 아쥘라스를 숲으로 데리고 갔다. 그리고 아쥘라스에게 바다에 들어갈 때 아버지를 어떻게 만나기로 했는지를 물어봤다. 하지만 아쥘라스는 갖은 위협과 매질에도 불구하고 아버지와의 약속을 지켜내려 한마디도 하지 않았다. 그러자 집으로 돌아가는 길 오빠들은 아쥘라스에게 오늘의 일을 비밀에 부치라고 명령했다. 그 다음날에는 차남 베르자스에게 형에게 했던 것처럼 위협을 했지만 베르자스도 묵묵히 모든 것을 버텨냈다. 막내아들인 워시스도 형들과 마찬가지였다. 마지막으로 애글레의 오빠들은 애글레의 막내딸 드래불레를 숲으로 데려왔다. 처음에는 아무 말도 안 할 거라고 생각 했지만 외삼촌들이 회초리로 때리기 시작하자 드래불레는 울먹이면서 아버지의 이야기를 모두 털어놓았다.

아흐렛날 아침이 되어 애글레의 오빠들은 애글레보다 먼저 바닷가에 가서 질비나스를 불러내었다. 그리고는 질비나스가 나오자 자신의 동생을 강제로 데려간 나쁜 놈이라며 질비나스를 죽여 없애버렸다. 이 사실을 전혀 모른 채 저녁 무렵이 되자 애글레는 아이들을 데리고 귀가를 서둘렀다. 가족들은 더 있으라고 만류했지만 애글레는 기어코 바닷가로 가서 남편이 시킨 암호를 외쳤다.

'질비나스, 내 사랑하는 질비나스, 아직 살아 있다면, 하얀 우유 거품으로, 벌써 죽어 있다면, 빨간 피의 거품으로, 어서 나오세요, 어서 나오세요.'

그러나 아무런 거품도 나오지 않았고 오히려 바람이 세어지고 파도가 높아졌다. 세 번을 연달아 외친 다음에야 바다에서 빨간 거품이 나왔다. 애글레는 혹시 하는 마음에 어떻게 해야 할지 몰라 그 거품을 향해 소리쳤다.

"사랑하는 질비나스는 지금 어디에 있나요? 왜 아무 대답도 없는 건가요? 우리가 당신 없이 어떻게 살 수 있겠어요?"

"얼마 전에 당신의 막내딸이 당신의 오빠들에게 질비나스와의 약속에 대해 모두 말해 버렸네. 그래서 그들이 오늘 아침에 암호를 외치고 질비나스를 죽였다네. 그러니 앞으로 영원히 당신의 남편은 만날 수가 없다네."

빨간 거품은 이렇게 말한 뒤 이내 사라졌다. 애글레가 질비나스의 이름을 큰 소리로 외쳤지만 모두 소용없는 일이었다. 모든 사실을 알게 된 애글레는 막내딸 드래불레를 불러 호통을 쳤다.

"드래불레, 넌 이제 사시나무나 되어라. 외삼촌들의 고문과 협박이 무서워서 아버지와의 약속을 지키지 못하다니. 앞으로 너는 항상 공포와 불안에 떠는 사시나무가 되어라."

그러고 나서는 아들들을 향해 외쳤다.

"아들들아, 너희들은 참 장하구나. 그러니 너희들은 건장한 나무가 되어라. 난 전나무가 될 테니."

애글레(전나무)의 아들들인 오크나무, 자작나무, 물푸레나무는 숲에서 어떠한 환경에도 잘 적응하는 강한 나무로 자랐다. 하지만 막내딸인 사시나무는 작은 바람에도 이리저리 쉽사리 흔들렸다.

'사시나무 떨 듯하다'라는 말은 바로 이러한 사시나무 이야기로부터 비롯된 것이다. 바닷가에서 전나무가 상복을 입은 여자의 모습으로 아직도 남아 있는 것도 바로 여기에서 비롯되었다고 전해진다.

세상과 만나는 사랑 이야기. 열여덟

솔로몬과 시바

에티오피아

옛날에 아프리카의 버진이라는 척박한 땅에 메케다라는 젊고 아리따운 여왕이 살고 있었다. 흑인인 그녀를 에티오피아인들은 시바라고 불렀다. 그녀는 여러 신들과 그녀의 조상들에게 간절히 기도하였다. 그녀는 살아 계신 하나님의 존재를 전혀 모르고 있었다. 그녀는 자신의 왕국 사람들을 위해 많은 시간을 보냈다. 그들이 비를 필요로 할 때, 여왕은 사원을 돌며 건기가 물러가고 우기가 오기를 기원하였으며, 하늘의 태양과 그녀가 섬기는 독사를 향해 경배하였다.

어느 날 그녀는 스스로 누군가에 대해 말하는 꿈을 꾸었다.

"나는 그를 한 번도 본 적이 없지만 그를 사랑한다. 그의 말들은 영혼의 샘물처럼 달콤하다. 그에게 들은 지혜를 통해 나는 깊은 내면의 고요 속으로 들어갈 수 있었고, 지혜의 원천에서 소중한 진주를 발견했다. 나는 그로 인해 마음이 부유해졌다. 또한 나는 깊은 바다에서도 파도의 진동에 놀라지 않고 곤하게 잠을 잘 수 있었다. 뿐만 아니라 나는 꿈을 꾸었는데 내 자궁 안에 별이 빛나는 것 같았다. 나는 그것을 보고 몹시 놀랐지만 그것을 놓치지 않으려고 꽉 붙들었다. 그것이 나를 환히 비추었기 때문이다."

그녀는 잠에서 깨자마자 꿈속에서 보았던 그에게 편지를 쓰기 시작했다. 그는 바로 지혜의 대명사인 솔로몬 왕이었다. 그녀는 비둘기에게 부탁해 편지를 띄웠고 답장을 기다렸다. 그날 이후, 그녀는 매일 밤 한숨도 잠을 이루지 못하고 태양이 뜰 때까지 사원을 맴돌았다.

그 시각 이스라엘에서는 솔로몬 왕이 이상한 꿈을 꾸고 있었다. 한 번도 본 적이 없는 척박한 땅과 낯선 여자가 꿈에 나왔다. 그는 한낮에도 같은 꿈을 꾸었다. 그래서 그녀의 존재가 매일 그를 맴도는 것처럼 여겨졌다. 그 여자는 다름 아닌 시바 여왕이었다. 그녀는 매일 밤 사원을 돌며 늘 신에게 기도하는 모습으로 그의 꿈에 나타났다.

"신이시여, 우리 백성들이 마지막 날에 심판대에 서지 않게 해주세요. 간절히 바라옵나이다."

"여왕이여, 우리의 주님은 태양이 아닙니다."

꿈속에서 솔로몬은 이전에 한 번도 해본 적이 없는 그녀를 향해 그녀가 쓰는 언어로 외쳤다.

"오직 하나님이 이 세계를 창조하셨습니다. 그 분이 이 세상을 완전히 창조했기 때문에 태양이 뜨는 것입니다. 당신은 저를 믿습니까? 제 말을 믿으실 수 있겠어요?"

그녀가 솔로몬의 눈을 바라보았다.

"저는 그런 줄을 몰랐어요. 왕이시여, 저에게도 지혜의 샘이 솟아나게 해주세요."

그녀의 이는 하얗게 빛나는 백색이었고 그녀의 혀는 붉게 타들어가는 아름다운 장미와 같았다.

이윽고 날이 밝았다. 솔로몬은 간밤의 꿈이 너무 아쉬웠다. 그때 마침 시바 여왕의 편지가 솔로몬에게 도착했다. 솔로몬은 시바 여왕에게 곧바로 답장을 썼다. 그때 눈부신 태양이 떠오르기 시작했다. 그러나 그것은 떠오르는가 싶더니 이내 사라져 버렸다. 그는 그 태양을 붙잡고 싶었다. 왜냐하면 간밤의 꿈에 나타났던 시바 여왕이 떠올랐기 때문이다. 그는 그 태양이 바로 시바 여왕이 있는 아프리카의 태양일 것이라는 확신이 들었다. 그러나 태양은 잠시도 머무르지 않고 시바 여왕이 있는 아프리카를 향해 사라져 버렸다. 그는 태양을 쫓아 밖으로 뛰쳐나오며 소리쳤다.

"저는 빌키스 땅 다윗의 아들 솔로몬입니다. 당신을 환영합니다. 제발 떠나지 말아 주세요. 하나님이 저를 모든 만물의 왕으로 세우셨습니다."

그의 음성은 그녀가 있는 곳까지 정확하게 울려 퍼졌다.

그러던 어느 날 밤, 그녀는 잠을 이룰 수 없었다. 왜냐하면 그때 그녀의 눈에 섬뜩하게 생긴 악마가 보였기 때문이다. 그 악마는 그녀가 섬기는 수호천사와 그녀 사이를 가로막고 있었다. 그녀는 두려움에 떨며 수호천사를 애절하게 불렀다.

"너무 무서워요. 오늘 밤 제 곁에 있어 주세요."

하지만 천사는 그녀의 간청에 아무런 대답도 하지 않았다. 시바는 그 천사에게 다시 한 번 애절한 목소리로 애원했다.

"저 악령이 저에게서 사라지게 해주세요."

초인적 능력을 지닌 솔로몬은 이 광경을 빠짐없이 지켜보고 있었다. 악마는 몸집이 거대하고 검게 그을린 피부를 지녔으며, 난생 처음 보는 형상이었다. 그는 악마를 향해 단호하게 말했다.

"나에게 와서 무릎을 꿇고 용서를 구하라. 그렇지 않는다면 영원한 죽음을 면치 못하리라."

악마의 뒤를 따르던 수하들이 솔로몬의 위용을 보고 모두 겁에 질려 덜덜 떨었다. 솔로몬이 신의 은총으로 가득 찬 신령스런 존재였기 때문이다. 하지만 겁 없는 악마들은 솔로몬에게 대적하기 시작했다.

"그를 죽여라!"

하지만 악마의 대응에 솔로몬은 기도로 맞섰다. 그러자 악마의 수하들이 뜨거운 불길에 휩싸이면서 모두 죽었고 솔로몬은 악마의 대왕을 잡아 다시는 이와 같은 죄를 짓지 않을 것이라는 약속을 받아 냈다.

드디어 악마로부터 자유로워진 시바 여왕은 감사의 뜻으로 솔로몬을 만나기 위해 머나먼 여정을 시작했다. 이스라엘의 조상들이 이집트에서부터 이스라엘까지 가는 데 40년이 걸린 것과는 달리 그녀는 40일 만에 그 거리를 소화해 냈다. 솔로몬은 도시 전체를 조망할 수 있는 언덕에 머물고 있었다. 저녁이 다 되어서야 그녀는 마을에 도착했다. 그녀를 수호하는 군대는 매우 강대하고 용맹스러웠다. 예루살렘 사람들은 한 번도 본 적 없는 검은 피부의 그들을 보고 무척 당황해 했다. 그러나 왕이 백성들을 진정시키면서, 남쪽의 시바 여왕이라고 소개했다.

그녀는 솔로몬을 만나 서로의 다른 종교에 대해 이야기했다. 그 후 머지않아 그녀는 해와 달, 별을 숭배하지 않고 이스라엘의 하나님을 숭배하기로 마음먹었다. 그들은 시를 통해 서로의 사랑을 표현했는데 그 내용은 하나님에 대한 사랑도 포함하고 있었다.

"내게 입 맞추기를 원하니 네 사랑이 포도주보다 나음이로구나. 네 기름은 향기로워서 아름답고 네 이름은 쏟은 향 기름 같으므로 처녀들이 너를 사랑하는구나."

시바는 이스라엘에서 머무는 6개월 동안 행복한 나날을 보냈다. 그녀는 그곳에 계속 남아 솔로몬에게 지혜를 배우면서 지내고 싶었지만, 그녀가 다스리는 나라를 저버릴 수가 없어 돌아가야만 했다. 솔로몬은 시바 여왕과 헤어질 시간이 가까워졌음을 깨달았다. 솔로몬은 그의 자비롭고 사랑스러운 시바 여왕과 너무나도 헤어지기 싫었다. 그는 그녀에게 계속 자기와 함께 머물며 그의 지혜를 나누어 갖기를 간청했다. 하지만 시바 여왕은 자신이 다스리는 백성들을 더 이상 버려둘 수가 없었다. 그때 그의 내면에서 다음과 같은 이야기가 들려왔다.

"저렇게 화려하고 아름다운 여자가 세상 끝에서 나를 만나기 위해 이곳으로 왔다. 신은 그녀를 통해서 나에게 씨를 줄 것인가?"

이윽고 시바 여왕이 떠나기로 한 날 밤, 그녀를 위한 성대한 만찬이 준비되었다. 시바 여왕은 매우 성대한 대접을 받고 몹시 황홀해했다. 솔로몬은 늦은 밤 시바 여왕을 그의 침소로 초대했다. 그의 침실에 들어가기 전에 두 사람은 두 가지 조건을 내걸었다. 솔로몬은 그의 침실에 있는 것들 중 어느 것도 그녀가 손대지 말 것을 조건으로 내세웠고, 시바 여왕은 자신의 몸에 절대로 손을 대지 않는다는 조건이었다. 조건을 흔쾌히 승낙한 그녀는 그의 침실로 들어갔다. 그러나 저녁을 너무 짜게 먹었던 시바 여왕은 매우 늦은 밤 아무 생각 없이 방에 있던 물을 마시고 말았다. 이것은 솔로몬이 이미 예상하고 있었던 것이었다. 솔로몬은 그녀가 약속을 깨뜨렸다는 명분을 내세워 잠자리를 요구했다. 놀란 시바 여왕은 솔로몬에게 말하였다.

"우리의 조건에 물은 포함되지 않았어요."

"이 세상에서 물보다 귀중한 것은 없소. 어찌되었건 물이 아니더라도 내 방안에 있는 잔을 만졌으니 내 말에 따라야 할 것이오."

그러면서 솔로몬은 시바 여왕에게 시로써 자신의 마음을 고백했다.

"내 사랑, 너는 어여쁘고도 어여쁘다. 네 입술은 홍색 실 같고 네 눈은 어여쁘고, 네 두 유방은 백합화 가운데서 꼴을 먹는 쌍태 노루 새끼 같구나. 나의 사랑, 너는 순전히 어여뻐서 아무 흠이 없구나."

그들은 그날 밤 함께 잠자리에 들었다. 솔로몬은 바로 그날 밤 꿈을 꾸었다. 태양이 이스라엘 땅을 향해 아주 밝게 비추는 것을 보았다. 그리고 곧바로 방향을 바꾸어 에티오피아를 비추었다. 이 태양은 다시 이스라엘 땅을 비추었으나 이스라엘 사람은 이 태양을 받아들이지 않았다. 그래서 그 태양은 로마와 에티오피아의 땅으로 가버렸다.

다음날 솔로몬은 여왕에게 반지를 주며 말했다.

“당신이 아들을 낳으면, 이 반지를 쥐어주고 나에게 보내시오.”

시바 여왕은 자신이 임신했다는 것을 알고 있었다. 총명한 솔로몬 왕 역시 자신에게 닥칠 일을 이미 예상하고 있었다. 여왕은 돌아가는 길에 메넬릭을 낳았다. 그리고 그는 그의 아버지의 봉헌을 받기 위해 약속한 대로 이스라엘로 보내졌다. 그에게는 솔로몬이 시바 여왕에게 준 반지가 있었으며, 그는 솔로몬 왕에 의해 이집트에서부터 서쪽 인도까지의 군주로 세워졌다.

순간의 실수

스리랑카

아주 먼 옛날, 스리랑카에는 학교가 없었다. 그래서 보통 왕이나 귀족 자제들은 선생님 집에서 5년 동안 공부를 했다. 그리고 공부를 마치고 마지막 시험에서 일등을 한 학생은 선생님의 딸과 결혼할 수 있는 기회가 주어졌다.

스리랑카 왕의 아들인 만나매 왕자가 마지막 시험에서 일등을 차지하게 되었다. 왕자의 스승은 곧 왕자를 불러 이야기했다.

"모든 공부를 잘 마쳤으니 시험에서 일등을 한 너에게 내 딸 아이와 결혼할 수 있게 해주겠다. 왕궁에서 행복하게 살아라."

스승의 예쁜 딸과 결혼하게 된 만나매 왕자는 처녀와 아주 기쁜 마음으로 왕궁을 향해 가고 있었다. 큰 숲에 다다른 왕자와 처녀는 아름다운 풍경을 맘껏 만끽하며 천천히 숲 속을 걸었다. 졸졸 흐르는 강물에서 들리는 시원한 물소리와 맑고 투명한 새들의 노랫소리에 나뭇잎도 장단 맞추어 신이 난 듯 보였다. 이 모든 풍경에 들뜬 처녀가 미소를 띠며 물었다.

"이 숲은 참 아름다운 것 같아요. 이곳에서 자연의 내음을 맘껏 즐기다 갔으면 좋겠어요. 조금 오래 머물다 가도 되겠지요?"

처녀의 청에 만나매 왕자도 자리를 잡고 앉았다. 시원한 나무 그늘 아래 앉은 두 사람은 사랑의 세레모니를 화음 맞춰 부르기 시작했다. 노래가 미처 끝나기도 전에 불현듯 숲 속의 왕이 나타나 그들 앞에 우뚝 섰다. 노래를 부르는 어여쁜 처녀를 본 숲 속의 왕은 처녀를 자신의 것으로 만들고 싶은 욕망에 불타올랐다. 눈엣가시 같은 만나매 왕자를 처녀와 떼어놓기 위해 숲 속의 왕은 거짓 율법을 만들어 냈다.

"이 숲으로 남자들이 들어오는 것은 불법이네. 여자만이 이 자연을 마음껏 즐길 수 있도록 출입이 허락되었지. 어서 썩 물러나게. 만약 율법을 어기게 되면 자네는 죽음을 당할 것이야. 어서 저 여인을 남겨두고 썩 물러나래도."

사랑하는 여인을 홀로 남겨두고 떠날 수 없는 왕자는 숲 속의 왕의 명령을 어기고 말았다. 남자답지 못하게 도망가느니 자신의 여인을 지키고 용맹하게 싸우는 것이 도리라고 생각했기 때문이다.

"말도 안 되는 소리 집어 치워라! 나를 죽여야 내가 사랑하는 여인의 사랑을 가져갈 수 있을 것이다. 잔말 말고 어서 덤벼라!"

숲 속의 왕과 만나매 왕자의 싸움을 지켜보던 처녀는 슬슬 싸움구경에 재미를 느끼기 시작했다. 만나매 왕자보다 더 잘생기고 용맹스런 숲 속의 왕을 보자 마음이 흔들렸다. 싸움이 점점 격해질수록 마음속으로 숲 속의 왕이 이기기를 응원하였다. 그러나 처녀의 바람과는 달리 만나매 왕자 쪽으로 승리의 여신이 기울기 시작했다. 결국 왕자는 숲 속의 왕을 쓰러뜨리고 그 위에 올라서 왕을 목을 치려 칼을 뽑아 들었다. 놀란 처녀가 왕자의 칼을 빼앗으려 들었다.

"어서 이 칼을 놓으시오. 당신과의 사랑을 방해하려는 이 짐승 같은 놈을 당장 죽여 버리겠소."

"미안하지만 난 당신보다 더 늠름하고 잘생긴 숲 속의 왕에게 이미 마음을 빼앗겼습니다. 따분하게 책이나 읽는 당신보다는 매력적인 숲 속의 왕과 평생 행복하게 살고 싶습니다. 그러니 당신이 이쯤에서 물러나시지요."

처녀의 얘길 듣고 왕자가 어이없어 하는 사이 쓰러져 있던 숲 속의 왕이 일어나 왕자를 거칠게 밀쳐냈다. 그러고는 처녀가 들고 있는 칼을 뺏어 왕자를 죽였다. 처녀의 얼굴을 한 번 쳐다보고는 이내 숲 속으로 사라져가는 숲 속의 왕에게 처녀가 소리쳤다.

"저를 여기 홀로 두고 그렇게 가시다니요! 저를 당신이 사는 곳으로 데려가 주세요."

애절하게 자신을 부르는 처녀에게 왕은 냉정한 목소리로 말했다.

"너 같은 여자를 내가 어찌 믿을 수 있지? 내가 너를 빼앗으려 왕자에게 떠나갈 것을 요구했을 때 그는 목숨을 걸고서라도 너를 지키려 했다. 그런데 너는 나의 겉모습만을 보고 그 놈보다 나를 더 사랑한다고 했다. 나는 네가 겉모습만큼 마음도 아름다울 것이라 생각했는데 그건 나만의 착각이었다. 나는 네 마음속에 교활한 악마를 보았다. 어서 썩 물러가거라. 그렇지 않으면 너도 저 자처럼 죽음을 면치 못할 것이다."

숲 속의 왕이 떠나고 처녀는 홀로 남아 하염없이 눈물을 흘렸다. 순간의 유혹으로 자신의 영원한 반려자를 죽음에 이르게 했다니 처녀는 죄책감에 왕자의 가슴에 꽂힌 칼을 뽑아 들어 자신의 심장에 겨누었다. 스스로 목숨을 끊은 것이다. 겉모습만을 보고 내린 잘못된 판단이 두 사람을 죽음에 이르게 한 것이다.

악기와 작은 냄비

베트남

옛날 어느 깊은 산속 마을에 나무꾼 부부가 살고 있었다. 노부부는 슬하에 자식이 없어 적적했지만, 동네 다리 고치는 일, 하수구를 뚫는 일 등 마을의 궂은일을 처리하는 데에 성의를 다하며 마을 사람들의 존경을 한 몸에 받아왔다. 이 부부를 오랫동안 지켜보던 옥황상제는 이들의 행동에 감동을 받아 자신의 막내아들을 나무꾼 부부의 아들로 태어나게 점지해 주었다. 옥황상제의 결심 이후 할머니는 하늘에서 내려온 한 줄기 빛이 몸속으로 들어오는 태몽을 꾸고 3년 동안이나 배가 불러 있었다. 그리고 칠순을 넘긴 할아버지가 과로로 죽은 지 얼마 되지 않아 할머니는 예순의 나이에 귀엽고 튼튼한 아들을 낳았고 아이 이름을 타익사잉으로 지었다. 15년 후 할머니도 흘러가는 세월을 이기지 못한 채 세상을 떠나고, 결국 고아가 된 타익사잉은 혼자서 큰 나무 밑 허름한 나무집에서 살았다. 부부가 타익사잉에게 물려준 것이라고는 달랑 도끼 한 자루였다.

그러던 어느 날, 술을 팔러 다니던 청년 리통은 나무를 팔아 생계를 이어가던 타익사잉이 고아로 혼자 지내는 것을 동정하는 척 하면서 타익사잉을 꼬드겨 자신과 의형제를 맺자고 설득했다. 한없이 착한 타익사잉은 아무 의심 없이 그러자고 하였고, 리통은 어린 타익사잉을 자기 집으로 데려왔다.

당시 리통의 마을에는 아주 큰 구렁이가 살고 있었다. 사람을 잡아먹는 무서운 구렁이는 사람들을 몇 번이고 죽이려고 달겨들었지만 모두 실패하였다. 왕은 구렁이의 원한을 사지 않도록 마을에 작은 절을 세우고 일 년에 한 명씩 구렁이에게 사람을 바치는 제사를 지냈는데 그 해에는 리통이 제물로 뽑히게 되었다. 리통과 리통의 어머니는 이 같은 사실을 까맣게 모르는 타익사잉을 속여 리통 대신 제물로 보낼 요량이었다.

구렁이의 제물이 되기로 한 날 리통은 나무하러 갔다 온 타익사잉을 불렀다.

"오늘 숲 속에 있는 절에 가야 하는데 깜빡 잊고 술을 끓였어. 내가 가면 술이 엉망이 되니까, 절에 나 대신 네가 좀 가 줄래? 오늘 딱 하룻밤만 지내면 돼, 부탁할게, 응?"

마음씨 착한 타익사잉은 아무 생각 없이 그러하마 하고는 바로 절로 찾아갔다. 한밤중이 되어 나타난 구렁이는 슬금슬금 다가와서는 타익사잉을 잡아먹으려고 하였다. 하지만 타익사잉은 용감하고 침착하게 갖고 있던 도끼를 꺼내 구렁이와 싸웠고 부모님의 유일한 유품인 날선 도끼로 구렁이의 목을 쳐 죽였다. 구렁이의 몸뚱이를 태우고 나자 몸속에 숨겨져 있던, 금으로 만들어진 활과 화살이 발견되었다. 다음날 새벽이 되어 타익사잉은 활과 화살, 도끼, 그리고 구렁이 머리를 챙겨 들고 흡족한 마음으로 마을로 돌아왔다.

밤새 뒤척이다 새벽녘에야 잠들었던 리통과 어머니는 밖에서 타익사잉의 목소리가 들리자 기겁을 하였다. 구렁이에게 죽은 타익사잉의 영혼이 복수를 하러 온 줄로 착각했기 때문이었다. 그래서 리통의 어머니는 애처롭게 빌었다.

"험한 세상을 지혜롭게 살다가 성스럽게 죽어간 우리 아들아, 멀리 가거라. 내일 리통과 함께 너를 위해 큰 제단을 세워 제사를 지낼 테니, 이제 그만 빨리 가라. 우리 모자를 너무 미워하지 말고, 제발 떠나주렴!"

그제서야 타익사잉은 이 모든 게 모자의 술수였음을 알게 되었다. 그러나 타익사잉은 전혀 화를 내지 않았다. 리통과 그의 어머니와 함께 생활해 왔던 정을 생각했기 때문이었다. 타익사잉은 그들의 속내를 모르는 척 하고, 절에서 구렁이를 죽인 이야기를 들려 줬다. 자초지종을 다 듣고 난 리통은 또 다시 타익사잉을 속이려 거짓말을 둘러댔다.

"타익사잉아, 넌 그 구렁이가 왕의 보물이라는 걸 미처 몰랐구나. 구렁이를 죽이면 이 나라에서는 사형에 처해진단다. 그러니 너는 한시바삐 여기에서 도망가는 게 좋겠는 걸. 잠시 숨어 있는 게 나을 거야."

그 말을 듣고 얼굴이 하얗게 질린 타익사잉이 불안에 떨기 시작했다. 리통은 타익사잉이 멀리 도망가면, 자기가 나머지 뒷일을 마무리해 주겠다고 약속했다. 사형을 당할까봐 걱정하던 타익사잉은 주위의 눈을 피해 리통의 집을 서둘러 빠져나와 옛날에 살던 큰 나무집으로 도망쳤다. 타익사잉이 떠난 뒤 구렁이의 머리를 챙긴 리통은 궁궐로 가서 왕에게 자신이 괴물을 죽였다고 거짓으로 고했다. 왕은 국가의 큰 근심을 덜어 준 리통에게 많은 금은보석과 높은 벼슬을 하사하였다.

얼마 후 왕은 과년한 공주의 신랑감을 찾아주기 위해 큰 잔치를 열었다. 하지만 몇 달이 지나도 공주의 마음에 드는 사람이 나타나지 않았다. 그러던 어느 날 정원을 산책하던 공주가 큰 독수리에게 산 채로 잡혀가는 일이 발생했다. 이때 타익사잉은 집 근처에서 나무를 하다가 날아가는 독수리의 다리에 웬 사람이 잡혀 있는 것을 보게 되었다. 타익사잉은 즉시 활을 챙겨 독수리의 행방을 찾았다. 얼마 지나지 않아 나무 위에 걸터앉은 독수리를 발견한 타익사잉은 화살을 꺼내 독수리에게 쐈다. 날개에 화살을 맞은 독수리는 부리로 화살을 빼고 가까스로 자신의 둥지로 날아갔다. 타익사잉은 독수리 피가 떨어진 흔적을 쫓아 독수리의 둥지를 찾았다. 그리고 둥지의 위치를 표시해놓고는 자신의 나무집으로 돌아왔다.

한편 왕은 공주가 없어진 사실을 알고 깊은 시름에 빠졌다. 그러던 중 예전에 사나운 구렁이를 죽인 리통이 떠올라 리통에게 공주 찾는 일을 맡겼다. 공주를 찾아오면 공주와의 결혼을 성사시켜 주고 대신 찾아오지 못한다면 큰 벌을 내리겠다고 말했다. 리통은 한편으론 기쁘면서도 생사가 걸린 일이니만큼 깊은 고민에 빠질 수밖에 없었다. 리통은 큰 상금을 내걸고 공주의 행방을 찾기 위해 백방으로 노력했다. 그러나 아무런 정보도 얻지 못하고 있었다.

그러던 어느 날 나무를 내다 팔러 나온 타익사잉이 구렁이 얘기도 들을 겸 리통을 찾아왔다. 타익사잉은 리통에게서 나라에서 사라진 공주를 찾고 있다는 얘기를 듣고는 자신이 예전에 독수리에게 화살을 쏜 이야기를 하였다. 리통은 타익사잉에게 후하게 음식을 대접한 후에 독수리 둥지로 가자고 부탁하였다. 리통의 속내를 모르는 타익사잉은 리통을 데리고 독수리 둥지로 향했다. 깊은 산 속 벼랑 아래의 동굴에 자리한 독수리의 둥지로 타익사잉은 줄을 엮은 사다리를 타고 혼자 내려갔다. 거기서 다행히 가까스로 목숨을 부지하고 있던 공주를 만나게 되었다. 타익사잉은 공주에게 마취제를 주면서 독수리가 잠든 틈을 타서 먹이라고 말했다. 그리하여 독수리가 잠든 사이 공주를 벼랑 위로 올라가게 해주었다. 입구에서 기다리고 있던 리통은 올라온 공주를 반기며 먼저 궁궐로 돌아가라고 말했다. 그리고는 사다리 줄을 끊고 독수리 동굴 입구를 돌로 막은 채 궁궐로 혼자 돌아갔다. 공주는 생명의 은인인 타익사잉을 기다렸지만 리통은 그가 벼랑 아래로 떨어졌다고 말했다. 타익사잉의 생사를 알 길 없었던 공주는 깊은 슬픔에 빠졌다. 시름에 젖어 점점 야위어가는 공주를 지켜보던 왕은 지금까지 모든 일을 잘 해낸 리통에게 공주의 병을 치유해야 결혼할 수 있을 것이라고 또 다른 단서를 달았다. 마음이 급해진 리통은 공주의 치료약을 찾으러 전국을 헤맸지만 아무 소용이 없었다. 마음의 병을 치유할 약은 바로 타익사잉이었기 때문이다. 결국 공주의 병으로 결혼식은 무기한 연기될 수밖에 없었다.

한편 동굴에 갇혀 있던 타익사잉은 마취약에서 깨어난 독수리와의 힘겨운 싸움 끝에 가까스로 독수리를 무찌르고, 출구를 찾기 위해 미로 같은 동굴 속을 헤매게 되었다. 동굴 속에는 새장 같은 숱한 철창이 있었고 그 중에는 바다의 왕자도 붙잡혀 있었다. 타익사잉은 감금되어 있던 사람들 모두를 풀어주었다. 귀가하려던 타익사잉에게 바다의 왕자는 생명의 은인에 대한 고마움의 표시로 왕궁을 구경시켜 줄 테니 동행하자고 부탁하였다. 바닷속 풍경은 산속에서 나고 자란 타익사잉에게는 신기한 것 투성이었다. 바닷속 여행을 마치고 육지로 돌아가려는 타익사잉에게 바다의 왕은 아들을 구해준 은인에 대한 보답으로 바다의 보물로 내려오는 신비로운 악기와 작은 냄비를 선물로 주면서 급할 때 요긴하게 사용하라는 말과 함께 그를 집으로 보내 주었다.

한편, 타익사잉에게 죽임을 당한 구렁이와 독수리의 영혼은 저승에서 만나 타익사잉에게 복수할 계획을 세웠다. 그리하여 왕의 궁궐에 들어가서 금은보화를 훔친 뒤에 타익사잉이 살고 있는 큰 나무 밑에 숨겨 놓았다. 결국 타익사잉은 금을 훔친 도둑으로 몰려 감옥에 갇히게 되었다. 감옥에서 자신이 갖고 들어온 악기를 연주하면서 타익사잉은 자신이 지금까지 걸어온 인생의 억울한 이야기를 노래로 엮어 불렀다. 거기에는 리통에게 속은 이야기와 공주를 구해낸 이야기가 모두 담겨 있었다. 우연히 정원을 배회하다 타익사잉의 연주와 목소리를 들은 공주는 리통의 술수를 왕에게 모두 털어놓았다. 격분한 왕은 리통과 어머니를 감옥에 보냈고, 공주의 은인인 타익사잉과 공주의 결혼식을 성사시켜 주었다. 그리고 왕의 사후, 왕위를 물려받은 타익사잉은 백성들로부터 칭송받는 성군이 되었다.

그러나 가난한 농부 출신인 타익사잉이 공주와 결혼해서 왕이 됐다는 소식을 들은 이웃나라의 왕자들은 분을 풀 수가 없었다. 자신들도 퇴짜를 맞았건만 미천한 농부 출신 따위가 공주의 신랑감이 되었다는 것을 도저히 용납할 수 없었던 것이다. 이웃나라의 왕자들은 서로 동맹을 맺고는 병사를 이끌고 타익사잉의 나라로 쳐들어왔다. 하지만 타익사잉이 그들을 적으로 맞이하는 것이 아니라 악기를 연주하면서 아주 친절하게 대접했다. 그러자 모두가 그 소리에 감동을 받아 전쟁 자체에 싫증을 내게 되었다. 전쟁을 평화로 바꾼 타익사잉은 작은 냄비를 꺼내어 적에서 동지로 변한 병사들에게 일일이 식사를 대접하였다. 타익사잉의 작은 냄비는 화수분처럼 아무리 밥을 많이 퍼내도 밥이 없어지지 않는 신비로운 냄비였다. 이 냄비를 지켜보던 이웃나라 왕자들은 불우한 고아로 자란 타익사잉이 어떻게 공주와 결혼하고 왕이 될 수 있었는지 깨닫게 되었다. 그것은 그의 타고난 용맹스러움과 어질고 착한 마음씨 때문이었다. 타익사잉은 죽을 때까지 나라를 현명하게 다스리며 공주와 오래오래 행복하게 살았다.

효심이 생기는 고로타 나무

일본

아주 먼 옛날 일본 세츠에는 효심이 깊은 사내가 살고 있었다. 마을 사람들은 홀로된 어머니를 지극 정성으로 돌보는 사내를 천하제일의 효자라 부르며 칭찬했다. 마을 사람들의 칭찬이 이웃 마을에까지 전해지자 사내는 더욱 정성껏 어머니를 모시기 시작했다. 어머니 손에 물 한 방울이라도 묻을세라 자신이 손수 세수를 시켜 드렸을 뿐만 아니라 외출할 때는 물론이고 화장실에 갈 때도 어머니를 업고 다녔다.

그러던 어느 날, 떠도는 행상으로부터 귀가 솔깃해지는 소식을 듣게 되었다.

"츠츠이 마을에 츠츠이 고로타 라고 하는 사람이 있는데 아주 효심이 지극하여 나라에서 큰 상을 준다지?"

애써 태연한 척 했지만 소식을 들은 사내는 도무지 잠이 오지 않았다.

'도대체 얼마나 대단한 효자길래 나라에서 상을 준다는 거지? 나보다 더 효자라니 믿을 수 없어.'

궁금한 것은 도저히 참지 못하는 사내는 이윽고 츠츠이 고로타라는 남자가 진짜 효자인지 아닌지를 자신의 두 눈으로 직접 확인하고자 반나절을 걸어 고로타의 집에 찾아갔다. 마침 대문이 열려 있는 고로타의 집안을 몰래 들여다보니 어떤 노파 하나가 분주히 일을 하고 있었다. 사내는 좀 더 자세히 지켜보고자 뜰에 있는 나무 위로 기어 올라갔다. 한 참을 숨을 죽이고 있자니 멀리서 고로타로 보이는 사내가 등에 나무를 한아름 지고 집 안으로 들어서는 것이 보였다.

그는 지고 온 나무지게를 마당 한 구석에 내려놓고는 다짜고짜 툇마루에 벌러덩 드러누웠다. 그러자 노파는 기다렸다는 듯이 물을 떠와 사내의 발을 구석구석 닦아 주기 시작했다. 노파는 아들의 발을 정성껏 닦아 주는 것도 모자라 이번에는 어깨를 주무르기 시작했다.

"아, 시원해. 자, 이제 됐어요. 어머니 덕분에 아주 몸이 가뿐해졌어요."

고로타가 만족한 듯 크게 기지개를 피며 말했다.

"그럼 조금만 기다리렴. 얼른 저녁상을 차려 오마."

노파는 서둘러 부엌으로 들어가 저녁상을 차리기 시작했다.

이 모든 광경을 지켜 본 사내는 기가 막힌 나머지 그만 나무에서 떨어지고 말았다. 사내가 떨어지는 소리에 놀란 고로타가 달려 나왔다.

"거기 누구요?"

사내는 다리를 쩔뚝거리며 조그마한 목소리로 말했다.

"이 마을에 천하제일의 효자가 살고 있다고 해서 내 그 효를 배우고자 반나절이나 걸어 이곳에 왔소. 하지만 괜한 발걸음을 했나 보오. 세상에 이런 불효자에게 효자상을 주다니…… 쯧쯧쯧."

잠자코 사내의 얘기를 듣고 있던 고로타가 이제야 모든 것을 알겠다는 듯 웃으며 대답했다.

"그러셨군요. 어머니께서는 나를 돌보는 일을 제일 기쁜 일이라 여기십니다."

사내와 아들의 대화를 듣고 있던 노파도 어느새 곁에 다가와서 말을 덧붙였다.

"그렇지. 자식이 아무리 장성해도 어미 눈에는 여전히 아기라우. 아기 때나 다름없이 아들을 돌볼 수 있다는 것이 나에게는 큰 즐거움이지."

"저는 어머니도 할 수 있다고 생각되는 일이 있으면 언제고 어머니께 부탁합니다. 그러고 나서 어머니께 잘하셨다, 고맙다, 어머니 덕분에 큰 도움이 됐다고 말씀드리지요. 그러면 어머니께서는 정말 행복해 하세요. 늙어서도 아들을 위해 당신이 무엇인가 해 줄 수 있다는 것이 어머니의 큰 기쁨이자 삶의 활력소가 되는 거 같아요."

그제야 모든 상황을 이해한 사내는 자신의 경솔했던 생각을 깊게 뉘우치고 고로타에게 진심으로 고개를 숙여 사과했다. 그리고 집으로 돌아가 고로타에게 배운 대로 어머니가 할 수 있는 일이 생기면 어머니께 부탁을 드렸다.

"어머니 진짜로 고마워요. 어머니 덕분에 큰 도움이 됐어요. 역시 어머니는 삶의 경험이 풍부하셔서 젊은 저보다 능숙하게 일을 처리하시네요."

아들의 변화된 모습에 어머니는 점차 생기를 되찾고 젊어지기 시작했다. 늘 기운 없고 왜소하기만 했던 노인의 모습을 도무지 찾아볼 수 없었다.

이후 사내는 종종 고로타의 집에 놀러가 자신이 올라가 있었던 나무 아래서 담소를 나누곤 했다. 이 두 효자의 이야기를 전해들은 동네 사람들도 나무 밑에 모여 고로타의 효행에 관한 가르침을 받고 돌아갔다. 그때부터 사람들은 이 나무를 '고로타의 나무'라고 부르게 되었다.

또한 고고타의 나무는 어루만지기만 해도 성격이 난폭한 아이가 상냥하고 효심 깊은 아이로 변한다고 하여, 가정의 화목을 상징하는 나무가 되었고 지금도 고로타의 나무를 찾는 사람들의 발길이 끊이지 않고 있다.

운명을 극복한 사랑

인도

아주 먼 옛날에 아슈바마티 임금이 다스리는 인도의 작은 왕국에는 사비트리라 불리는 아름답고 지적인 공주가 살고 있었다. 결혼할 나이가 된 공주는 아버지께 스스로 남편을 선택할 수 있도록 허락해 달라고 졸랐다. 성년이 된 공주는 스스로 자신의 배우자의 능력과 자질을 검증해 보고 싶었기 때문이다. 그리하여 공주는 이웃 나라의 많은 황태자와 귀족 자제들을 직접 대면하게 되었다. 하지만 그녀가 선택한 배우자감은 부유한 가문의 황태자도 귀족 자제들도 아니었다. 지금은 가난하지만 뼈대 있는 집안에서 성장한 늠름하고 건실한 청년인 사티아반을 선택하였다. 건장하고 현명해 보이는 신랑감을 선택한 공주의 판단에 임금 역시 흡족해 하였다. 든든한 후원자를 얻은 두 사람은 마음놓고 서로의 사랑을 키워갈 수 있었다.

하지만 모든 사랑에는 역경이 있기 마련이었다. 별의 행로로 국가의 미래를 예언하는 왕국의 점성술사가 경고를 보내왔기 때문이다. 공주와 사티아반이 결혼한다면 사티아반이 열흘 뒤에 요절하여 공주가 과부가 될 것이니 둘의 결혼을 금지해야 한다고 한 것이었다. 임금은 당연히 점성술사의 조언을 염두에 두지 않을 수 없었다. 사티아반 모르게 공주를 부른 임금은 지금까지 점성술사의 예언이 한 번도 틀린 적이 없었음을 강조하며 공주에게 새로운 남자를 사귈 것을 권유하였다. 하지만 공주는 단호했다. 자신이 여러 신랑감들 가운데에서 선택하였고 지금까지 서로 애틋한 정을 키워가고 있는데, 점성술사의 말 한 마디 때문에 결혼을 취소할 수는 없었다.

"그와 나 사이를 죽음이 갈라놓을 수 있을지도 모르지. 하지만 아무리 혹독한 시련일지라도 우리 둘의 사랑의 힘을 합친다면 극복할 수 있을 거야. 난 무슨 일이 있더라도, 사티아반과 보란 듯이 결혼할 거야. 내게 주어진 운명의 길을 내 스스로 개척해 가겠어."

당시에 아리안 처녀들에게는 결혼을 약조한 사람 이외에 다른 사람을 생각한다는 것은 상상할 수도 없는 행동이었다. 물론 공주가 그런 관습을 때문에 사티아반과의 결혼을 결심한 것은 아니었다. 사티아반과의 지고지순한 사랑과 신뢰가 그녀에게 운명에 맞설 수 있는 힘을 제공했던 것이다. 둘은 점성술사의 예언에도 불구하고, 아니 오히려 더욱 당당한 아름다움으로 주위의 시샘 어린 축복 속에 결혼식을 올렸다. 그리고 관례대로 궁전에서 일 주일 정도를 묵은 뒤 사티아반과의 신혼생활을 위해 그가 나고 자란 숲 속 마을로 향했다. 부모님이 일찍 돌아가신 뒤 혼자서 온갖 집안일을 묵묵히 감내해 왔던 사티아반은 신부를 위해 집을 아담하고 깔끔한 보금자리로 꾸며 놓았다. 그곳에서 사비트리와 사티아반은 꿀맛 같은 신혼 생활을 만끽하게 되었다.

그러던 어느 날 점성술사가 예언한 운명의 그 날이 다가왔다. 아직 동이 트기 전에 잠에서 깨어난 사비트리는 평소에 하던 대로 먼저 하늘과 대지의 신을 향해 경건하게 예배를 드렸다. 그리고 얼마 동안 가정의 평안을 위해 기도하며 명상에 잠겼을 때, 어디선가 불길한 징조처럼 까마귀 울음소리가 들려왔다. 내심 불안한 마음을 감출 수 없었지만, 평소처럼 그들 부부는 숲 속의 논밭을 일구러 나섰다. 사비트리는 새벽 일로 인해 시종 얼굴에 그늘이 드리운 상태였다. 하지만 그녀와는 다르게 사티아반은 자신에게 닥쳐오고 있는 불길한 기운의 정체에 대해 전혀 알지 못하고 있었다.

오전 일을 무사히 마치고 난 사비트리의 얼굴에 화색이 돌았다. 일하러 떠나올 때의 그늘이 점차 사라지고 있었다. 오전 일과를 마친 부부는 함께 싸가지고 온 점심을 맛있게 먹었다. 식사를 마친 이후 오수(午睡)를 즐기기 위해 사티아반은 사비트리의 무릎을 베고 낮잠에 빠져 들었다. 사비트리 역시 사티아반의 잠든 모습을 미소 띤 얼굴로 바라보다가 잠에 빠져 들게 되었다. 비몽사몽간에 사비트리는 그녀의 남편을 향해 다가오는 죽음의 그림자를 느낄 수 있었다. 죽음의 신인 야무라지가 사티아반의 생명을 앗아가기 위해 다가오고 있었던 것이다. 꿈속에서나마 사비트리는 죽음의 신에게 항의도 하고 애원도 해보았지만 모두 소용없는 일이었다. 죽음의 신인 야무라지는 자신의 임무에만 충실히 수행하고자 애썼다.

"아름다운 이 나라의 공주 사비트리여, 안타깝지만 네 청원은 들어줄 수 없다. 너도 익히 알고 있다시피 모든 사람은 태어나면서부터 부여된 자신의 운명을 거역할 수 없는 법이다. 그리고 이제 마지막 운명의 순간이 네 남편에게 다다랐다. 죽음의 신인 나로서도 한 생명이 죽어야 할 시간과 방법을 바꿀 수는 없는 법이다. 그러니 더 이상 나에게 매달려 나를 귀찮게 하지 말라. 나의 책임과 의무를 다하게 하라!"

꿈인 줄만 알았던 사비트리는 죽음의 신의 훈계 어린 목소리를 듣고 화들짝 깨어났다. 그리고는 꿈에서보다 더욱 격렬한 몸짓으로 죽음의 신에게 매달렸다. 그녀는 죽음의 신에게 사티아반에 대한 그녀의 애절한 사랑을 절절하게 이야기했다. 그리고 기쁠 때나 슬플 때나, 살아서나 죽어서도 남편과 함께 해야 하는 아리안 여인의 의무에 대해 야무라지에게 이야기했다. 그리고 그녀는 남편이 가는 길이라면 지옥 끝까지라도 따라가겠다고 맹세하며 자신도 함께 데려가 달라고 애원했다. 결국 사티아반만을 데려가려던 야무라지의 노력은 수포로 돌아갈 수밖에 없었다.

야무라지와 사티아반의 영혼, 그리고 사비트리는 서로 다른 생각 속에 저승을 향해 나아갔다. 사비트리는 아무런 준비도 없이 떠난 길이라 음식이나 물도 챙기지 못한 채 남편을 따라 나섰다. 뒤따라오는 사비트리를 향해 야무라지는 죽음의 의미와 삶의 목적에 대해 계속 설득했다. 하지만 그럴 때마다 사비트리가 얼마나 현명한지, 그녀가 남편에게 얼마나 헌신적인지를 거듭 확인하게 될 뿐이었다. 그녀는 진정한 '사티(남편이 죽은 뒤 따라서 죽을 만큼 순종적인 여성을 일컫는 말)'였던 것이었다. 사티아반에 대한 그녀의 사랑은 야무라지가 지금까지 전혀 본 적이 없을 정도로 순수함과 고결함 그 자체였고, 이기심이 없었으며 진실한 마음이었다.

사흘째 되던 날 급기야 야무라지는 죽음의 길을 동행하고 있는 사비트리의 사랑과 헌신에 깊은 감동을 받게 되었다. 그리하여 사비트리에게 노력이 가상하여 남편의 생사를 제외한 한 가지의 소원을 들어줄 테니, 이제 그만 집으로 돌아가라고 말했다. 곰곰이 생각에 몰두하던 사비트리는 100명의 아이를 갖고 싶다고 말했다. 야무라지가 선뜻 소원을 들어주겠다고 하자 사비트리는 너무나 기뻤다. 이제 그녀는 죽음의 신이 그녀의 남편을 놓아줄 수밖에 없을 것이라고 생각했다. 사비트리가 100명의 아이를 낳으려면 야무라지가 사티아반을 데려갈 수 없을 것이기 때문이다. 야무라지는 어쩔 수 없이 사티아반의 영혼을 풀어줄 수밖에 없었다. 순결하고 고귀한 아내에 의해 죽음의 신이 굴복한 것이었다. 그 뒤로 사티아반과 사비트리는 100명까지는 아니지만 많은 아이를 낳아 기르며 행복하고 건강하게 오래오래 천수를 누렸다.

Intense love does not measure, it just gives.

강렬한 사랑은 판단하지 않는다. 주기만 할 뿐이다.

Mother Teresa

3부.
세 송이의 에델바이스

나무가 된 연인
가지 끝이 서로 붙은 포플러나무 두 그루

카자흐스탄

발트 바가나르 초원에 카라바의와 사르바의라는 부자들이 살았다.

두 사람은 양과 말, 금으로 된 가재도구 등 모두가 부러워할 만큼의 부를 지녔으나 애석하게도 자식이 없었다. 그들은 살아갈 동안에는 무엇 하나 부족함이 없는 삶이었지만 뒤를 이을 자식이 없다는 건 나이가 들수록 커다란 슬픔이 되었다.

그래서 동네 사람들은 그들을 부러워하기도 하고 한편으로는 뒤에서 이러쿵저러쿵 쑥덕거리기도 했다. 때문에 카라바의와 사르바의는 주위의 그러한 관심이 부담스러워 그들의 사정을 잘 모르는 초원을 찾아 이사를 했다.

그들이 간 마을에는 새로 이사 온 이웃들을 자기 집에 초대하는 풍습이 있었다. 카라바의와 사르바의 역시 이웃들의 초대를 받아 이웃집을 방문하게 되었다. 하지만 두 사람의 방문 예절은 확연히 달랐다. 카라바의는 매번 빈손으로 갔지만 사르바의는 늘 선물을 준비해 갔다. 그때마다 마을 사람들은 카라바의의 욕심을 비웃었고 사르바의의 후덕함을 칭송했다. 이윽고 마을을 이끌어갈 대표를 선발하는 날이 다가왔다. 마을 사람들은 사르바의의 인성과 덕성을 눈여겨보고 그를 통치자로 정했다. 그렇게 두 사람은 조금 입장은 달랐지만 모두 새로운 곳에 적응하며 정착하게 되었다. 게다가 카라바의는 사르바의처럼 사람들의 신임을 얻지는 못했지만 새로운 곳에서 그렇게도 염원하던 딸까지 얻게 되었다.

그러던 어느 날 카라바의는 백마를 타고 사냥길에 나섰다. 때마침 나타난 암사슴을 향해 카라바의가 화살을 쏘았으나 사슴은 연기 같이 사라져 버렸다. 카라바의가 실망하여 풀밭에 누웠는데 그때 그 길을 지나가던 사르바의가 다가와 말을 걸었다.

"카라바의, 자네 여기 있었구먼. 자네 딸은 잘 자라고 있겠지? 휴우, 난 돈도 많고 가축도 많지만 아직 슬하에 자식이 없어서 인생이 즐겁지가 않네. 지금 다행히 아내가 아이를 가졌지만 내가 벌써 72살이나 되었으니 자식을 통한 행복을 느낄 수나 있을지 걱정이네."

그 말에 카라바의가 슬픈 듯한 미소를 띠며 말했다.

"그래도 자넨 나보다 훨씬 젊지 않나. 얼마 전 태어난 딸의 재롱을 봐주기에 85살이 다 된 나는 이제 늙었단 말이지. 그러니 자네 너무 속상해 하지 말고 계속해서 하느님께 자식을 가진 부모의 행복과 보람을 느끼게 해달라고 간절히 부탁해 보게. 필히 들어주실 거네."

두 사람은 오랫동안 얘기를 나누다가 나중에 카라바의의 딸과 사르바의의 아들을 부부로 맺어 주기로 약속을 했다. 그런데 집으로 돌아오는 길에 카라바의가 아까 활로 쏴 죽이지 못한 암사슴이 다시 나타났다. 암사슴을 본 카라바의는 사르바의에게 부탁했다.

"나는 너무 노쇠하여 옛날처럼 정확하게 화살을 쏠 수가 없네. 사르바의, 자네가 날 대신하여 암사슴을 죽여 주겠나?"

그러나 사르바의는 그의 부탁을 들어줄 수가 없었다. 암사슴의 둥근 옆구리를 보아하니 새끼를 밴 게 틀림없어 보였기 때문이다.

그러나 카라바의는 사냥길에 나선 이상 사냥한 짐승이 한 마리도 없으면 마을 사람들의 웃음거리가 될 수밖에 없다며 다시 한 번 사르바의에게 간곡히 청했다.

결국 사르바의는 활시위를 당겨 암사슴을 쏘았다. 사르바의는 순간 불안한 기운이 감도는 것을 느낄 수 있었다. 그러나 카라바의는 마치 기다렸다는 듯이 죽은 암사슴의 배를 갈라 아기 사슴을 먹어치웠다. 사르바의는 죄책감과 더불어 불길한 마음이 들었지만 어쩔 수 없는 상황이었다고 스스로를 위안했다.

그렇게 카라바의와 사르바의가 사냥을 마치고 집으로 돌아가는 길에 한 남자 아이가 달려와 사르바의에게 기쁜 소식을 전했다.

"사르바의 님, 빨리 집에 가 보세요. 아드님이 태어나셨어요!"

"뭐라고? 그게 정말이냐? 이렇게 기쁜 일이! 빨리 집에 가야겠구나. 이랴~!"

그런데 불길한 예감은 틀리지 않았던 것인지 사르바의는 너무 기쁜 마음에 말을 급하게 몰아 타고 가다가 말에서 떨어지고 말았다. 그리고 안타깝게도 말에서 떨어졌을 때 날카로운 돌에 머리를 부딪혀 사르바의는 그만 죽고 말았다.

한편, 이를 본 카라바의는 순간 고민하게 되었다.

'이를 어쩌나. 사르바의의 시체를 가져가려면 사슴을 두고 가야 하는데. 그러면 다른 녀석이 분명 암사슴을 홀랑 가져갈 테지. 암, 갓 잡은 암사슴을 그냥 버리고 갈 수는 없지. 사르바의 시체는 여기 둔다고 해도 누가 가져갈 리도 없으니 내가 아니어도 다른 사람들이 가져올 거야.'

결국 카라바의는 사르바의의 시체를 그냥 두고 가 버렸다. 당시 카자흐스탄에서는 친구 간의 신의를 절대 저버리면 안 된다는 관습이 있었다. 그래서 카라바의는 사슴 고기를 먹으면서 자신의 외동딸을 사르바의의 아들에게 시집보내야 한다고만 생각하니 고기가 목구멍에 걸릴 것 같았다. 사르바의의 아들은 태어나자마자 아버지가 죽고 안 좋은 일이 잇달아 일어나서 운이 안 좋은 아이라는 말이 돌았기 때문이다. 때문에 사르바의와 한 약속을 지키고 싶지 않은 카라바의는 사르바의의 집안과 연을 끊기로 결심했다. 그래서 카라바의는 사르바의의 제사 때도 가지 않았다.

한편 카라바의의 딸은 눈처럼 피부가 하얗고 달빛처럼 예뻤기 때문에 바얀 술류(예쁜 바얀)라는 이름으로 불렸다. 바얀 술류는 자라면서 점점 더 예뻐져서 모든 남자들의 호감을 샀다. 시간이 흐를수록 점점 예뻐지는 바얀 술류를 사르바의의 아들에게 보내야 할까 봐 불안해진 카라바의는 바얀 술류가 사르바의의 아들을 만나지 못하도록 하기 위해 멀리 이동해 유목생활을 하였다. 그러다 보니 가축을 기르기 위한 좋은 초원을 찾지 못해 가축은 날마다 굶어서 죽어나갔다.

그러던 어느 날 코다르라는 남자가 카라바의를 찾아왔다.

"저는 오랫동안 당신의 딸을 흠모해 왔습니다. 제가 바얀 술류 아가씨와 결혼하도록 허락만 해주시면 카라바의 님께 가축을 기르기 좋은 풍요로운 초원을 찾아드리겠습니다."

안 그래도 죽어가는 가축 때문에 고민이던 카라바의는 코다르의 제안을 흔쾌히 허락했다. 그러나 바얀 술류는 어딘가 모르게 차갑고 인정 없는 그 남자가 너무 싫었다. 바얀 술류는 어머니에게서 들었던 자신의 정혼남인 사르바의의 아들을 간절히 만나고 싶어 했다.

사르바의의 아들 코즈 코르페쉬 역시 그가 어렸을 때 정혼한 여인이 있었다는 얘기를 듣고 어머니에게 그녀에 대해 물어봤다.

"저랑 부부의 인연을 맺기로 했다는 바얀 술류는 지금 어디에 있나요?"

어머니는 아들이 카라바의와 사르바의가 자식들의 혼사를 약속했던 일과 그 후의 일에 대해서 자세히 알게 되면 분명 마을을 떠날 것을 짐작하고는 아들에게 아무 이야기도 하고 싶지 않았다. 그러나 영원한 비밀은 있을 수 없는 것일까. 우연한 기회에 다른 사람을 통해 이 모든 사실을 알게 된 코즈 코르페쉬는 운명과도 같은 자신의 사랑을 찾아서 마을을 떠났다.

코즈 코르페쉬는 오랫동안 바얀 술류를 찾기 위해 끝없는 초원을 말을 타고 달리고 또 달렸다. 온몸이 지칠 때쯤이면 선량하고 친절한 초원 주민들을 만나 도움을 받았고 또 자신의 도움이 필요하면 도와주기도 하면서 초원을 달리고 달렸다.

그런 오랜 방황 끝에 코즈 코르페쉬는 드디어 바얀 술류가 살고 있는 마을을 찾았다. 둘은 처음 만나자마자 서로가 누구인지 한눈에 알아봤고, 첫눈에 서로를 사랑하게 되었다.

코즈 코르페쉬와 바얀 술류는 아버지 몰래 밤마다 마을 주위로 도망가 행복한 시간을 보내다 오곤 했다. 그런데 카라바의가 그 사실을 알고는 화가 나서 코즈 코르페쉬를 죽이기로 마음먹었다.

카라바의의 이런 눈치를 알아차린 코다르가 코즈 코르페쉬를 죽이고 말았다. 그리고 코즈 코르페쉬의 머리를 베어서 바얀 술류에게 가져다 보여 주었다.

그녀는 코다르의 야욕과 잔인함에 치를 떨었다. 그리고 이제 주검이 되어 자신의 눈앞에 있는 코즈 코르페쉬의 영혼을 위해 기도했다.

바얀 술류는 자신이 사랑하는 남자가 죽었으니 더 이상 살아갈 의미가 없다고 생각하고 자살하기로 결심하였다. 그녀는 코즈 코르페쉬의 머리와 시체를 붙였다. 그러자 마치 살아 있는 얼굴처럼 보였다. 바얀 술류는 코즈 코르페쉬의 배 위에 칼을 놓고 시체를 힘껏 껴안았다. 날선 카이 바얀 술류의 심장에 꽂히고 두 연인은 함께 포옹한 자세로 죽고 말았다.

그로부터 3년이 지나 길을 지나가던 어떤 여행자가 길에 버려진 두 연인을 발견했다. 여행자는 그들을 함께 땅에 묻어 주었다. 장례식을 끝낸 여행자는 죽은 후에도 그들의 사랑이 영원하길 기도하고는 자기가 가던 길을 다시 떠났다.

그 후 몇 년이 지나 두 사람이 묻힌 바로 그 자리에서 포플러 나무 두 그루가 자라났다. 그런데 신기하게도 두 나무는 서로 가지 끝이 붙은 모습을 하고 있었다. 그것은 마치 영원히 함께이고 싶은 두 연인의 마음을 보여 주는 듯했다. 그리고 두 그루의 포플러 나무 밑에는 바얀 술류를 짝사랑했던 또 다른 남자, 코다르의 속 타는 마음을 보여 주듯 까만 가시 덩굴이 자라고 있었다.

바이칼 호수
눈물이 강이 되어 님을 만나리

러시아

흔히 바다보다 더 큰 호수라고 일컬어지는 세계에서 가장 깊은 호수 바이칼에는 슬프도록 아름다운 사랑이 깃들어 있다. 이 이야기는 먼 옛날 바이칼 호수를 지배하던 신 바이칼과 그의 딸 안카라, 그리고 안카라가 사랑에 빠진 예니세이라는 청년에 얽힌 애절한 사랑의 전설이자 신화이다.

아주 먼 옛날 시베리아에 바이칼이라는 호수의 신이 있었다. 바이칼에게는 삼백여 명의 아들과 단 한 명의 예쁜 외동딸이 있었는데 그 딸의 이름은 안카라였다. 안카라를 애지중지하던 바이칼은 딸을 시집보낼 때가 되자 안카라를 멀리 보내고 싶지 않아서 자신의 나라에서 가장 사내다운 사내와 결혼시켜 곁에 두고자 하였다. 그래서 온 나라의 장수들을 그의 제국으로 초대하여 안카라에게 가장 마음에 드는 장수를 고르라고 했다.

"안카라야, 얼마나 멋있는 장수들의 왔는지 보거라. 누가 네 남편이 되면 좋을지 잘 살펴보렴."

"하지만 아버지, 전 아무도 마음에 들지 않아요."

그때 이르쿠트라는 장수가 나타났다. 바이칼은 힘 세고 남자다운 이르쿠트가 너무나도 마음에 들어서 딸을 이르쿠트와 꼭 결혼시키기로 마음먹었다. 그래서 안카라와 이르쿠트의 만남을 위해 큰 잔치를 열었다. 잔치 내내 갖가지 재미있는 경기를 열고, 각종 음식도 성대하게 차려졌다. 그런데 운명의 장난인지 잔치 내내 안카라의 눈에 든 이는 이르쿠트가 아닌 다른 사내였다. 매 경기마다 아주 민첩하고 용감하게 잘하는 그는 안카라의 마음을 흔들었는데, 그 사내의 이름은 바로 예니세이였다. 경기가 다 끝난 후, 예니세이가 안카라에게 말했다.

"저의 모든 공적을 당신에게 바칩니다."

그 말에 감동을 받은 안카라는 예니세이와 사랑에 빠졌다. 안카라는 충직한 시녀로부터 예니세이가 한 아름다운 나라의 왕이라는 소문을 듣고 그곳으로 따라가려고 했다.

그러나 안카라가 떠나기도 전에 바이칼이 딸의 의도를 먼저 간파하고 분노하고 말했다. 바이칼은 자신의 뜻을 거스르고 떠나려는 딸을 이르쿠트와 결혼할 날까지 옥사에 감금하기로 했다. 이에 안카라가 울면서 바이칼에게 호소했다.

"아버지, 전 이르쿠트 님과 결혼하기 싫어요. 아버지, 제발요. 저는 예니세이를 사랑해요. 우리 두 사람의 결혼을 허락해 주세요."

“그건 안 된다. 얘야, 이제 그만해라. 내일이 이르쿠트와의 결혼식이다. 예니세이는 이제 그만 잊어버려라.”

그 말을 듣고 안카라는 아버지의 곁을 몰래 떠나야 한다고 생각했다. 그래서 하인들에게 제발 예니세이의 나라로 도망가게 해 달라고 도움을 청했다.

착하고 어여쁜 안카라의 부탁을 거절할 수 없었던 하인들은 바이칼이 깊이 잠든 새벽에 안카라를 풀어주었고, 안카라는 서둘러 예니세이에게 도망갔다.

그런데 바이칼이 새벽에 문득 시끄러운 인기척을 느끼고는 깨어나 딸이 도망갔다는 사실을 알게 되었다. 바이칼은 잠자는 모든 하인들을 깨워 불호령을 내리고 주위에 불을 대낮같이 밝혔다.

“내 딸 안카라야, 어디로 갔느냐? 이 늙은 아비를 버리고 감히 어디로 도망갔느냐? 네 이놈들, 빨리 가서 안카라는 잡아오지 못할까?”

그렇게 말하고 바이칼은 사랑하는 딸이 예니세이에게 달아나지 못하도록 딸이 도망친 방향으로 큰 돌을 던졌다. 그런데 그 돌은 그만 안카라의 목에 맞고 말았다. 안카라는 숨이 막혀 울면서 말했다.

“아버지, 갈증이 나요. 이러다가 죽을 것 같아요. 제발 제게 물을 좀 주세요.”

그러나 바이칼은 더욱 화를 내며 큰소리로 말했다.

“고얀 것, 네가 이 아비의 마음을 아느냐? 너는 이제 죽어 네가 흘린 눈물로만 예니세이를 만날 수 있을 뿐이다.”

이후, 도망친 딸에 대한 배신감으로 마음에 시퍼렇게 멍이 든 바이칼처럼 바이칼 호수도 시퍼렇게 얼음이 얼어 사람들에게 때로 공포를 안겨 주게 되었고, 바이칼의 저주처럼 몇 천 년 동안 안카라 강은 예니세이 강에 '눈물로' 흘러들어가게 되었다.

지금도 바이칼 호수에 가면 안카라 강 하구에 위치해 있는 큰 바위를 볼 수 있는데, 그 바위가 바로 호수의 신 바이칼이 그의 딸 안카라에게 던진 바위라고 한다. 또한 삼백여 개의 강은 모두 바이칼 호수로 흘러들지만 단 하나의 강이 바이칼에서 흘러나와 예니세이 강과 만나 북극해로 흘러들어 간다고 한다. 바이칼의 삼백여 명의 아들이 그의 곁에 머무는 것과 달리 사랑하는 예니세이와 함께 새로운 세계로 나아가려고 했던 안카라의 마음은 아직도 그 슬프고 아름다운 전설과 함께 흐르고 있는 것이다.

부라나의 탑
슬픈 운명

키르기스스탄

옛날에 토그막이라는 도시 남쪽에 강한 세력을 가졌던 칸(부족장의 칭호)이 있었다. 그에게는 예쁜 딸이 하나 있었는데 칸은 이 세상에서 이 외동딸을 가장 사랑했고 많은 시간을 사랑스런 딸과 함께 행복하게 보냈다.

어느 날 칸은 갑자기 자신의 나이가 많아 딸의 행복한 모습을 오랫동안 지켜보지 못하고 죽을 것이 걱정되었다. 오랜 고민 끝에 칸은 현자들을 불러 공주의 미래에 대해 예언하도록 했다.

현자들은 오랜 시간을 모여 공주의 미래에 대해 이야기했다. 그러나 하나같이 진실한 이야기보다는 가식적으로 왕의 눈치만 보며 이 세상에서 공주님보다 행복한 사람은 없다는 입에 꿀 바른 소리만 하였다.

하지만 그 중에서 가장 나이가 많은 현자가 용기 있게 칸의 앞으로 나와 말했다.

"왕이시여, 공주님은 슬픈 운명을 가지고 태어나셨습니다. 공주님은 성인이 되자마자 독거미에 물려 돌아가실 것입니다. 저의 진실된 예언이 전하의 심기를 건드렸다면 저에게 어떤 벌을 내려도 달게 받겠습니다."

이 말을 들은 왕은 몹시 화가 나서 그 늙은 현자를 무섭게 노려봤지만 늙은 현자는 꿈쩍도 하지 않았다. 진실을 말했기 때문이다.

"망할 놈의 예언자 같으니……."

불안감에 몸을 부르르 떨며 칸이 말했다.

딸의 슬픈 운명을 듣고 화가 난 칸은 하늘에 닿을 듯 높은 탑을 세우라고 명령했고, 탑 밑에 땅을 깊이 파서 만들어 낸 지하 감옥에 늙은 예언자를 가두어 버렸다. 탑이 다 세워지자 칸은 사랑스런 공주를 보호하기 위해 엄격히 관리를 하기 시작했다.

탑 꼭대기의 빛이 잘 드는 아담한 방에 공주를 살게 하고 하인들에게 원형 계단을 따라 음식물이나 공주에게 필요한 물품들을 엄격한 심사를 거쳐 제공하도록 했다. 즉, 하인들이 공주에게 가기 위해서는 옷의 주름이나 음식에 독거미가 있는지 없는지 확인하는 엄격한 심사를 세 번이나 거쳐야 했다.

오랜 시간이 흘러 공주는 열여섯 살이 되었다. 공주의 모습은 막 피어난 꽃봉오리와도 같았고, 아침 이슬처럼 청초하여 누가 보아도 눈을 떼지 못할 정도로 아름다웠다.

왕은 하루가 다르게 아름다워지는 공주의 모습을 보면서,

"늙은이의 예언이 맞을 리가 없지."

라고 마음속으로 생각했다.

어느덧, 공주의 열여섯 번째 생일이 다가왔다. 오랜 시간을 외로이 탑에서 보낸 공주를 위로해 주기 위해 자신이 직접 잘 익은 최고급 포도를 커다란 쟁반에 담아 공주의 발 아래 갖다 놓았다. 그런데 아버지가 직접 갖다 주신 포도에 손을 뻗어 가장 탐스러워 보이는 포도송이를 잡는 순간 공주는 크게 비명을 질렀다. 바로 포도송이 속에 숨어 있던 독거미가 공주를 문 것이다. 늙은 현자의 예언대로 공주는 사람들이 방심한 틈에 독거미에게 어이없이 물린 것이었다.

노쇠한 왕은 사랑하는 딸의 죽음을 견디지 못하고 자신이 죽였다는 자책감에 괴로워 하다가 공주가 떠난 그 해 사랑하는 딸을 따라 세상을 떠났다.

묘한 무늬가 새겨져 있는 탑 부라나는 그 때부터 이 자리에 외롭게 서 있었다고 한다.

공주가 떠난 이 탑은 아무런 의미가 없어졌고 소중한 딸에 대한 지나친 사랑도 정해진 운명 앞에선 어쩔 수 없었다. 늙은 왕과 아름다운 공주의 안타까운 삶의 흔적만 남은 부라나는 이제 현세의 사람들에게 높이 솟아 있는 탑의 외관과, 탑을 세운 장인의 빼어난 정신을 느끼게 해주는 탑으로 남아 있다.

두나이 강

세 번째 화살이 앗아간 사랑

러시아

오래 전 러시아에 블라띠미르라는 용맹한 왕이 살고 있었다. 그가 실권을 잡고 있을 때 러시아는 모든 전쟁에서 승리하였고 그로 인해 승리의 축제가 끊이질 않았다. 하지만 블라띠미르 왕에게는 한 가지 고민이 있었다.

나라 일과 세력 확장에 몰두하는 동안 그는 이미 결혼적령기를 넘겼을 뿐만 아니라 그가 바라는 왕비의 조건 또한 어느 여인들은 좀처럼 충족할 수 없을 만큼 특별했기 때문이다.

하루는 군인들과 함께 성찬을 하던 블라띠미르 왕이 외로운 심사를 토로하기 시작했다.

"여보게들, 모두들 짝을 이루어 행복한 나날을 보내는데 왜 나만 홀로 이러고 있어야 하는지 참 답답하네. 나는 키가 크고 총명하며, 하얀 얼굴에 불그스레한 뺨과, 담비와 같은 검은 눈썹을 지니고, 매의 눈처럼 시야가 넓은 그러한 여성을 원하는데 혹시 그런 여성을 데려다 줄 사람이 있는가?"

하고 주변을 살폈다.

그때 이반이라는 군인이 나서서 아뢰기를,

"저는 예전에 타타르 땅에 가본 적이 있는데, 그곳의 옛마누일 옛마누일로비치 왕은 나스다시아 공주와 아프러시니아 공주를 두고 계십니다. 그 중 둘째 공주님이 키가 크고 총명하여 얼굴이 하얗고 불그스레한 뺨과 담비 같은 검은 눈썹, 매의 눈처럼 넓은 시야를 가지셨습니다. 그 공주님은 깊은 궁궐에 있는지라 바람이 불어도 옷깃 하나 날리지 아니하고 햇볕이 내리쬐어도 털끝 하나 타지 않을 정도로 귀하게 지내십니다. 그 분이 왕께서 간절히 찾으시는 공주님인 듯하니 공주님을 모셔 오도록 두나이라는 장군을 보내시는 게 좋을 듯합니다."

이에 블라띠미르 왕은 이반에게 술을 내리고 두나이 장군을 불렀다.

"나는 타타르 땅의 아프러시니아 공주와 혼인하려고 한다. 그 공주를 모셔 오도록 하여라! 대신 거기에 드는 자금은 걱정하지 말고 군인들과 함께 잘 다녀오도록 하여라!"

왕의 말에 두나이 장군은,

"돈도 필요 없고 군인도 필요 없습니다. 단지 예김이라는 힘센 사나이 한 명만 있으면 족할 듯합니다. 그럼 다녀오겠습니다."

하고는 기에프를 떠났다.

험난한 여정 속에 2주일간을 걷고 또 걸어서 그는 마침내 타타르 땅에 도착했다.

“오, 두나이 네가 왔구나! 또다시 내 군대에서 전우들과 함께하려고 온 것이냐?”

옛마누일 옛마누일로비치 왕은 사뭇 상기된 어조로 물었다. 그러나 두나이 장군은 솔직하게 대답했다.

“아닙니다. 우리 블라띠미르 왕 대신 아프러시니아 공주께 구혼하러 왔습니다. 저희 왕께서는 아프러시니아 공주와 결혼하길 원하십니다.”

너무나도 갑작스러운 이야기라 옛마누일 옛마누일로비치 왕은 완강히 거절했다. 그러나 당시의 관습상 두나이 장군과의 결투 끝에 패해 그의 제의를 받아들일 수밖에 없었다.

타타르 왕은 많은 보석을 선사하였고, 두나이 장군과 예김 그리고 둘째 딸 아프러시니아 공주는 혼례를 위해 기에프로 출발하였다. 얼마쯤 갔을까. 두나이 장군은 우연히 어떤 발자국을 발견하고는 그 발자국을 따라 홀로 걸어갔다. 잠시 후 두나이 장군은 휑한 들판에서 텐트를 하나 발견하였는데 그 안에는 옛마누일 옛마누일로비치의 첫째 딸인 나스다시아 공주가 있었다.

그녀는 두나이를 보자 다짜고짜 거칠게 몰아붙였고, 두나이는 그녀와 싸워 마침내 이겼다. 나스다시아 공주는 그제야 말하기를,

“저는 여행을 하며 자유롭게 살고 있어요. 평소에 누구든 나와 싸

워 이기는 남자와 결혼하겠다고 마음먹었는데 당신이 저를 이겼으니 저와 결혼해 주세요."

라고 하였다.

두나이는 그런 나스다시아 공주가 아주 마음에 들었다. 그래서 기분 좋게 허락하고는 그 자리에서 바로 약혼하였다. 그런데 첫째 공주는 남자 옷을 입고 있었기 때문에 두나이는 자기 일행이 가지고 있는 간단한 옷을 그녀에게 입히고는 기에프로 함께 출발하였다.

블라띠미르 왕과 아프러시니아 공주, 두나이 장군과 나스다시아 공주는 도착하자마자 같은 교회에서 결혼식을 올렸다. 그리고 함께 피로연을 갖고 즐거운 시간을 보냈다.

시간이 흘러 하루는 축제가 열린 자리에서 두나이 장군이 만취하여 자신의 활 솜씨를 자랑했다. 이를 지켜보던 아프러시니아 공주는 자신의 언니보다 활 쏘는 실력이 뛰어난 사람은 없을 거라며 두나이의 약을 올렸다. 두나이는 화가 나서 당장 아내에게 달려가 내기를 제안했다.

나스다시아 공주는 썩 내키지 않았지만 남편의 고집에 못 이겨 활쏘기 제비뽑기를 하고 먼저 활을 쐈다. 나스다시아 공주는 머리 위로 금반지를 들고 멀리 떨어진 곳에 서 있던 두나이를 향해 활을 쐈다. 활은 금반지에 명중했다.

이제는 역할을 바꿀 차례, 그런데 예지력을 지닌 나스다시아 공주는 불안한 기운에 내기를 거부했다.

"첫 번째 화살은 거리가 모자라고, 두 번째 화살은 길게 넘어가 버릴 것이며, 세 번째 화살은 분명 나를 죽일 거야."

이렇게 말하는 나스다시아 공주는 공포심으로 새파랗게 질렸다. 이를 지켜 본 모든 사람들이 두나이 장군에게 이쯤에서 내기를 그만 둘 것을 권하였다. 그러나 이미 만취해 분별력을 상실한 두나이 장군에게 그러한 만류가 통할 리 만무했다. 두나이에게는 오로지 아내보다 자신의 실력이 월등하다는 것을 알리고 싶은 욕망뿐이었다.

아내는 다시 간청했다.

"딱 3일만 기다려줘요! 3일 후에 당신의 아들이 태어나요."

그러나 두나이는 나스다시아의 말을 듣지 않았다.

두나이는 첫 번째 화살을 시위에 메워 힘껏 당겼다. 다행히도 거리가 조금 모자랐다. 안도의 순간도 잠시, 두 번째 화살이 당겨졌고 두 번째 화살은 아내를 훌쩍 넘어가 버렸다.

이윽고 마지막, 세 번째 화살은 나스다시아 공주의 예언대로 기어이 그녀의 배를 관통하고 말았다.

놀란 나머지 허겁지겁 달려가 아내의 배에서 화살을 뽑으려는데, 배가 갈리면서 그 속에서 아들이 보였다. 아이는

"만약 3일만 기다렸다면 당신의 아들인 나를 볼 수 있었을 텐데."

라고 말한 뒤 숨을 거두었다.

정신이 번쩍 든 두나이는 자신의 경솔함 때문에 아내와 아들을 잃

었다고 가슴 아파하며 울부짖었다. 그날 이후로 환각과 환청뿐만 아니라, 꿈에서는 아내와 아들에게 가위 눌리며 죄책감에 시달렸다. 얼마 후 두나이는 끝내 칼로 자기 가슴을 베고 강물에 뛰어들어 죽었다. 사람들은 그 후 그 강을 '두나이 강'이라고 부르며 두나이 장군 일가족의 죽음을 안타까워하였다.

처녀동백나무
사랑을 밝혀 주는 등대

일본

일본 히로시마 현 쿠레 시의 심벌마크는 처녀동백이다.

쿠레 시에는 이 동백나무에 얽힌 전설이 있다.

지금은 어린이는커녕 어른들조차도 그 전설을 아는 사람이 드물지만 사람들은 쿠레 시의 상징인 처녀동백나무를 아직도 여전히 따뜻한 눈빛으로 지켜보고 있다.

동백나무는 한자로 椿(춘)이라고 쓰는데 나무(木)자와 봄(春)자로 이루어진다. 사람들은 이 동백에서 가엾고도 꿋꿋한 아름다움을 찾아낸다. 엄동을 견디면서 신춘의 기다림을 담아 꽃을 피우며 또한 떨어질 때는 꽃잎이 한 장씩 떨어지는 게 아니라 꽃 덩어리 그대로 떨어지기 때문이다.

일본 히로시마 현 쿠레 시에 어떤 부자가 살고 있었다. 부자에게는 아주 예쁜 딸이 하나 있었는데 부자는 그 딸을 너무 사랑해서 아무에게도 시집을 보내고 싶어 하지 않았다.

"나는 평생 너랑 같이 살고 싶단다!"

부자는 딸에게 매일같이 말했다.

어느 날 어떤 어부 총각이 부자의 딸을 멀리서 바라보고 한눈에 반했다. 딸도 잘생기고 멋있는 어부의 존재를 알게 되어서 두 사람은 몰래 만나곤 했다. 서로의 관심사나 바다 이야기, 세상 이야기를 나누면서 어느덧 둘은 깊은 사랑에 빠졌고 평생을 함께 하자고 미래를 약속하게 되었다.

어느 날 항상 그랬듯이 둘은 서로 함께 있는 시간조차 아쉬워하며 사랑을 속삭이고 있는데 부자가 우연히 길을 지나다가 그 장면을 보게 되었다. 부자는 몹시 화가 났다. 그때부터 그는 억지로 둘을 갈라놓기 시작했다. 어부가 살고 있는 마을은 아주 가난한 지역이었다. 부자는 사랑하는 딸이 누군가에게 마음을 빼앗겼다는 사실도 언짢았거니와 더욱이 이런 가난한 어부가 자기의 딸과 사귀고 있다는 것 자체가 기분이 나빴다. 얼마나 애지중지 키워 온 딸인데 다른 남자에게 사랑을 준다는 사실을 도저히 받아들일 수 없었던 것이다.

어부는 딸과의 결혼을 허락해 달라고 부자에게 부탁을 했지만, 부자가 어부의 부탁을 들어 줄 리가 없었다. 부자는 아예 딸을 집안에 가두어 놓고 어부에게 짓궂게 대하며 어부를 괴롭혔다.

어부는 안타까운 마음에 몇 번이나 사랑하는 여인의 집 앞까지 찾아갔지만 부자의 호통으로 대문 안으로 들어가 보지도 못하고 매번 허탕을 치고 돌아서야만 했다.

어부와 딸은 참으로 막막했다. 사랑하는데도 부모의 반대로 이렇게 서로 고통의 시간을 보내야 하는 것이 너무도 슬프고 아팠다.

그러던 어느 날 밤, 아버지 몰래 집을 빠져나간 딸은 어부를 사랑함에도 불구하고 서로 함께할 수 없다는 사실에 아버지를 원망하며 바다에 몸을 던지고 말았다.

외롭고 힘든 나날이었지만 어떻게든 부자의 마음을 움직여 사랑하는 사람과 함께하려 했던 어부는 하늘이 무너져 내리는 절망감을 느꼈다. 그녀가 없는 세상은 이제 더 이상 의미가 없다고 생각한 어부도 이 세상에 대한 아무런 미련 없이 그녀를 따라 바닷물에 몸을 던졌다.

예견치 못한 딸의 죽음에 부자는 심하게 괴로워하며 이기적이었던 자신의 행동을 반성했다. 물론 소중한 것을 잃은 뒤의 후회란 아무 소용이 없었지만, 하나뿐이었던 딸을 잃은 슬픔은 말로서는 표현할 수 없는 것이었다.

부자는 자신이 딸의 육신뿐만 아니라, 마음까지 속박했던 것을 뒤늦게 깨달았다. 또한 자신의 딸이 사랑한 남자를 어떤 사람인지 알아보지도 않고 무조건 미워하고 괴롭힌 자신이 너무도 부끄러웠다. 두 아리따운 연인의 죽음은 이제 되돌릴 수 없었으나 부자는 마음속으로나마 딸과 어부에게 속죄하는 마음을 전했다.

그 뒤 딸의 시체가 발견된 쿠레 시 바닷가에 아주 큰 동백나무가 한 그루 자라났다. 신기하게도 그 동백나무는 밤마다 하얗게 빛을 냈다. 그리고 그 빛은 폭풍우가 칠 때나 깜깜한 밤에 환한 표식이 되어 길을 잃은 어부들의 인명을 몇 차례나 구하기도 했다.

그리고 또 하나의 빛은 가끔 바다 저 밑에서 희끄무레하게 떠오르기도 했다. 때로 그 빛은 살짝 둘로 나뉘어져 한동안 바다 위를 맴돌기도 했다. 마치 바다 밑에 가라 앉아 있는 딸과 어부 총각이 누군가에게 간절하게 무엇인가 호소하듯이.

일곱 마리 황소 계곡

키르기스스탄

아주 먼 옛날, 산속에 고귀하고 세력이 강한 두 명의 칸(족장)이 살고 있었는데 이들에게는 부유한 친척이 많이 있었다.

어느 날 악하고 욕심 많은 칸이 다른 칸의 아름다운 아내를 탐내 몰래 납치해 데려가자 이 사건으로 인해 두 가문은 싸우기 시작했다.

아내를 빼앗긴 칸은 몹시 화가 났고 사랑하는 아내를 찾아오기 위해 전쟁을 선포했다.

이때, 약삭빠르고 간사한 주변의 몇 명이 악한 칸에게 다음과 같이 조언했다.

"저쪽은 자신의 아내를 되돌려 주기를 바라고 있어요."라고 하며 "그의 부탁을 들어줄 수 있습니다. 그 여자를 죽이고 시체를 돌려보내십시오. 그러면 저쪽에서 할 말이 없을 것입니다. 왜냐하면 칸께서 이미 부탁을 들어 주신 거니까요. 이렇게 함으로써 칸의 마음도 편해질 것이고 우리의 원수도 여자를 갖지 못할 겁니다."

욕심 많은 칸은 이 약삭빠르고 잔인한 자들의 조언이 마음에 들었다. 음모를 추진하기 위해 악한 칸의 가문은 산속에서 명복을 비는 향연을 열었다. 악한 칸 가문의 많은 부유한 사람들이 모였고, 칸은 잔치에 온 손님들을 풍성히 대접하기 위해 일곱 마리의 황소를 잡았다.

마지막 일곱 번째 소를 도살한 후 악독한 칸은 자신의 계획을 이루기 위해 자신이 탐을 내 납치한 여인의 심장에 칼을 꽂았다.

아름다움에 끌려 남의 아내를 몰래 납치했지만 그녀는 자기를 사랑한 여인이 아니라 남의 아내였다. 몸은 탐해도 그 마음까지는 가질 수 없었던 악한 칸은 아예 여자를 죽여 남편조차 이 여자를 갖게 하려는 못된 마음이 생겼던 것이다.

마침내 아름다운 여인의 심장에서 뜨거운 피가 솟구쳐 산은 그 여인의 피로 붉게 물들었다. 여인의 상처에는 새빨간 피와 함께 뜨거운 물이 뿜어져 나왔고, 계곡을 붉은 피와 뜨거운 물로 덮기 시작했다. 여인의 심장에서 나온 뜨거운 물로 인해 잔치에 모인 손님들과 남의 아내를 죽인 칸의 친척들의 몸이 익어버렸고 몰사했다. 또한 계곡을 뒤덮은 뜨거운 물과 피는 제사를 위해서 준비한 피투성이가 된 황소의 시체마저 쓸어버렸다.

오늘날에도 절벽에서 그 핏자국을 볼 수 있는데, 이 절벽을 자세히 보면, 황소 일곱 마리의 시체를 상징하듯이 일곱 개의 빨간 절벽을 볼 수 있다. 그래서 이 계곡은 '제티 오구즈' 즉, 일곱 마리 황소의 계곡이란 의미로 많은 사람들에게 불리고 있다.

돌과 나무와 덩굴

베트남

베트남 훙 왕 시대의 이야기이다. 어느 시골 마을에 인자하고 후덕한 관리로 소문난 까오라는 사람이 살고 있었다. 그에게는 딴과 랑이라 불리는 쌍둥이 아들이 있었는데, 둘의 생김새가 어찌나 비슷한지 어머니조차 누가 형이고 동생인지 쉽게 구별할 수 없었다. 출중한 외모뿐만 아니라 어질고 똑똑하기까지 한 형제는 우애 또한 깊어 잠시도 떨어지려 하지 않고 늘 함께 다녔다.

딴과 랑 형제가 열다섯 살이 되던 해, 생각지도 못한 큰 불행이 닥쳐왔다. 갑작스럽게 난 큰 불로 집은 물론이고 부모까지 잃은 두 형제는 졸지에 고아 신세가 되어 버렸다. 가엾은 두 형제의 소식을 들은 까오의 절친한 친구 류는 기꺼이 두 형제의 양부모가 되기로 결심했다.

착한 성품에 총명하기까지 했던 두 형제는 보면 볼수록 마음에 들었다. 류는 형제가 성인이 되면 자신의 딸 수안푸와 결혼을 시켜야겠다고 마음먹었다.

빼어난 미모에 심성이 착한 수안푸 역시 마음속으로 형제를 흠모하고 있었다. 시간이 흐를수록 류는 쌍둥이 형제와 수안푸의 혼인 문제를 걱정하기 시작했다. 행여 형제 사이에 불화가 생기게 될까 며칠을 노심초사했던 류는 두 형제를 시험해 보기로 결심했다.

이튿날 류는 딸 수안푸를 조용히 불러 맛있는 음식을 준비하라고 일렀다.

"상을 차릴 때 젓가락은 딱 한 벌만 내어 놓아라."

수안푸는 아버지의 말씀대로 음식을 준비한 후에 딴과 랑을 불렀다. 음식을 먹으려고 젓가락을 집던 랑은 젓가락이 한 벌밖에 없는 걸 보고 형 딴에게 젓가락을 건네며 먼저 먹으라고 하였다. 늘 그래왔던 것처럼 형을 먼저 배려한 것이었다.

이를 잠자코 지켜보던 류는 형 딴과 수안푸를 혼인시키기로 결심했다. 형을 먼저 생각하는 배려심 많은 랑이라면 수안푸와의 결혼 문제에서도 형에게 양보할 것이 틀림없다고 생각되었기 때문이다. 류의 결정에 랑은 마음이 아팠지만 사랑하는 형을 생각하며 수안푸를 좋아했던 마음을 지우기 시작했다. 형 딴 또한 동생에게 미안함과 고마운 마음을 느끼면서도 한편으로는 수안푸를 아내로 맞이하게 되었다는 기쁨에 가슴이 벅차올랐다.

딴과 수안푸의 성대한 결혼식 날, 랑은 진심으로 두 사람을 축하해 주었다. 신혼의 단꿈에 젖어 있는 딴과 수안푸는 시간이 지나면서 동생 랑에게 점점 무심해졌다. 인사를 하러 찾아 온 동생 랑을 귀찮다는 듯 내쫓기 일쑤였다. 그토록 다정다감했던 형이 사랑에 빠져 자신을 잊었다는 사실에 랑은 무척 슬펐다. 급기야 짐을 싸들고 홀연히 집을 떠났다.

정처 없이 무작정 집을 나선 랑은 몇 날 며칠 끼니도 거른 채 길을 걸었다. 몸도 마음도 모두 지친 랑은 큰 강가 근처에서 정신을 잃고 쓰러졌다. 희미한 의식 속에서도 애타게 형을 그리워한 랑은 온몸이 서서히 굳어지더니 심장이 멎으면서 돌이 되고 말았다.

한편 수안푸와 달콤한 신혼 재미에 빠졌던 딴은 며칠째 보이지 않던 동생이 집을 나간 것을 뒤늦게 알았다. 그제야 자신의 잘못을 뉘우치며 동생을 찾아 나선 딴은 밤낮을 가리지 않고 사방을 헤맸다. 큰 강가를 지나던 중, 사람 모양을 한 돌을 보고 딴은 그만 주저앉고 말았다. 거기 그곳에 돌로 변한 동생이 있었던 것이다. 딴은 그토록 사랑했던 동생을 잃은 슬픔과 사무치는 그리움으로 동생을 끌어안고 오열했다. 그렇게 한참이 지나자 기진맥진해진 딴의 몸은 돌을 끌어안은 채로 서서히 굳어져 열매와 잎이 무성한 큰 나무로 변하였다.

한편, 남편을 기다리던 수안푸 역시 아무런 소식이 없는 남편을 찾아 무작정 집을 나섰다. 이곳저곳을 돌아다니면서 남편에 대한 소식을 수소문했으나 어느 누구도 아는 이가 없었다. 신발이 닳고 발이 부르트도록 남편을 찾아 헤맨 끝에 수안푸의 발걸음이 강가에서 멈춰졌다. 딴과 랑을 발견한 것이다. 수안푸는 돌이 된 동생을 끌어안은 형상으로 나무가 된 남편을 붙잡고 그의 이름을 목 놓아 불렀다. 그렇게 해가 지고 다시 해가 뜰 무렵 나무 여기저기에서 하나둘씩 덩굴이 올라오기 시작하더니 얼마 후 나무는 온통 덩굴로 휘감겼다.

마을 사람들은 돌과 나무와 덩굴로 남은 이 기이한 세 사람의 넋을 기리기 위해 사당을 세웠다. 그러던 어느 해였다. 극심한 가뭄으로 온 나라가 다 타들어 가는데 유독 이 나무와 나무를 감싼 덩굴만은 그 푸름을 잃지 않았다. 또 가뭄으로 먹을 것이 없었던 마을 사람들은 그 나무의 열매를 따먹으면서 목숨을 구할 수 있었다. 이 소문은 삽시간에 나라 전체로 퍼져 아주 먼 마을에서도 이곳을 찾아오는 사람들이 많아졌다.

급기야 궁궐에 있는 홍 왕의 귀에까지 이 사연이 들어가게 되었다. 나무에 얽힌 사연을 들은 왕은 직접 그 나무를 보고자 여러 대신들을 이끌고 강가로 행차했다. 이때 기이한 형상의 돌과 나무와 덩굴을 보던 한 신하가 왕에게 한 가지 제언을 하였다.

"폐하, 이 나무에 얽힌 이야기가 사실이라면 돌과 나무의 열매를 갈아 섞어 보면 어떨는지요. 그 빛깔이 형제의 짙은 우애처럼 붉은 색을 띤다면 후대에 이 이야기를 널리 알려 많은 이들이 이 두 형제의 우애와 사랑을 배우게 하심이 옳은 줄 압니다."

이에 왕은 랑이 변한 돌을 구워 잘게 부수고는 덩굴의 잎에 발라서 나무 열매와 함께 여러 번 섞게 하였다. 그러자 돌과 나무 열매는 덩굴 위에서 곧 짙은 붉은 색 피로 변하였다. 왕은 이 신비로운 광경을 보고 놀라 세 사람의 영원까지 함께한 아름다운 사랑을 칭송하며 큰 제를 올리게 하였다.

그리고 궁궐로 돌아간 홍 왕은 그 나무와 덩굴을 짜우(Trau)와 까우(Cau)라 명명하고 백성들에게 심게 하여 세 사람의 아름다운 사랑을 배우고 전하게 하였다.

그 나무의 열매가 바로 형제와 부부 간의 사랑의 힘을 상징하는 짜우와 까우*이다.

* 짜우(Trau)와 까우(Cau): 베트남에서는 결혼식 때 짜우와 까우를 먹는 풍습이 있다. 형제와 부부 간의 각별한 사랑을 상징하는 의미이기에, 특히 전통 결혼식에서 신랑이 신부집으로 가지고 오는 예물 중 빠져서는 안 되는 것이다. 또 결혼식에 참석한 하객들도 짜우와 까우를 먹으며 두 사람의 행복을 빌어 준다. 시골에서는 집에 손님이 찾아왔을 때에도 짜우와 까우를 내놓는다고 한다. 이렇듯 어떤 일의 처음에 짜우와 까우를 먹는 풍습에서 따와 이야기의 머리말을 짜우와 까우라고도 한다.

세 송이의 에델바이스

키르기스스탄

옛날 어느 마을에 가난한 청년이 살고 있었다. 그 청년은 자신의 행복의 정체를 궁금해 했다. 현실적으로 가난을 벗어나는 것보다는 사람들의 행복이 어디에서 비롯되는지에 대해 알고 싶었던 것이다. 그리하여 청년은 홀어머니를 남겨둔 채 홀로 긴 도보여행을 떠났다. 세상 사람들이 어떻게 사는지 구체적으로 경험해 보고 싶었기 때문이다.

그는 어렸을 때부터 깊은 산속 동굴에 매우 아름다운 여신이 살고 있다고 들었던 것을 떠올렸다. 그 여신은 숲 속의 동물과 하늘의 새들을 돌본다고 했다. 그는 여신을 직접 만나 기쁨과 슬픔의 이유와 행복의 조건을 물어보기 위해 산속 굽이굽이 좁은 길을 헤치며 걷고 또 걸었다. 그렇게 얼마나 걸었을까? 저 멀리 극점 지대의 빙하가 보였다. 그는 바위가 많은 강기슭 사이로 격렬하게 굽이쳐 흐르는 급류 속을 헤엄쳐 갔다. 그리고는 힘들게 빙하 꼭대기로 기어올라 여신이 살고 있다는 동굴을 찾아 갔다. 그러나 거기에는 아무것도 없었다. 빙하까지 오르느라 오랫동안 고생한 청년은 깊은 절망감에 빠졌다. 지금까지의 고생이 의미 없는 행동으로 끝나는 것은 아닌지 회의가 들었기 때문이다. 그렇게 고된 여정의 반복은 심신을 지치게 만들었다. 사흘 동안 아무것도 먹지 못해 심한 허기를 느끼던 청년은 숨을 고르기 위해 빙하가 만들어 준 그늘 밑에 누웠다. 그리고는 이내 잠이 들고 말았다. 그리고 그는 꿈속에서 비둘기를 보았다. 비둘기 두 마리가 버드나무 가지 위에서 이야기를 나누고 있었다. 그는 비둘기의 말에 귀를 기울였다.

흰 비둘기 한 마리가 친구 비둘기에게 속삭였다.

"오늘 하늘을 날다가 저 멀리서 멋진 도시를 발견했어. 그런데 그 도시는 물이 부족해서 점점 메말라 가고 있더라고. 도시 아래 깊은 땅속에는 오래 전부터 흘러오던 투명하고 깨끗한 강이 잔잔히 흐르고 있는데, 지금 사람들은 그걸 아직도 몰라. 참 바보 같지? 그 강은 기적이 일어날 때까지 아마 계속 잠들어 있게 될 거야. 그런데 그 기적이라는 게 뭔지 아니? 그건 바로 처녀들이 잠든 강이 깨어나도록 강을 위해 하루종일 맑은 노래를 불러 주는 거야. 그러면 그 강은 깊고 길었던 잠에서 깨어 그 도시에 평온과 기쁨을 찾아줄 거야. 그걸 모르고 있으니 인간들은 참 어리석단 말이야."

비둘기의 말에 화들짝 놀라 잠에서 깬 청년은 참 신기한 꿈이라고 생각하며 다시 따뜻한 지방으로의 여행길에 올랐다. 여러 날을 걸은 탓에 그의 옷은 누더기가 되었고 얼굴은 허기가 져서 깊게 패여 있었다. 그는 배고픔과 잠자리를 해결하기 위해 도시를 찾아 떠났다. 여러 곳을 돌아 그는 어렵게 어느 한 도시를 찾을 수 있었다. 그 도시는 극점 지대에서 꿈을 꾸었을 때 보았던 도시와 흡사했다. 주민들은 행색이 초라한 그를 친절하게 맞아주었고 극진히 대접해 주었다. 하지만 주민들의 얼굴에는 근심이 역력히 서려 있었다.

"마을에 무슨 일이라도 있나요?"

그러자 주민들이 일제히 대답했다.

"누구의 죄악으로 인한 것인지는 모르겠지만, 마을에서 경작하는 전체 논밭이 십 년째 가물어 땅이 갈라지고, 가축들은 몇 년째 물이 부족해 야위고 죽어 가고 있다오. 그게 우리 도시의 커다란 근심이라오."

그는 며칠 전 꿈에서 들었던 비둘기들의 대화가 떠올랐다.

"여러분들께서 친절하게 따뜻한 음식과 잠자리를 제공해 주신 데 대해 보답하고 싶습니다. 저에게 좋은 방법이 있으니 그대로 실행해 주실 수 있겠는지요? 처녀들이 새벽에 일어나 늦은 밤까지 이 도시를 맴돌며 계속해서 노래를 부르게 하십시오. 그렇게 하면 물을 충분히 얻게 될 겁니다. 제가 약속합니다. 만약 제 말이 그르다면 저를 마음대로 해도 좋습니다."

주민들은 지푸라기라도 잡는 심정으로 청년의 조언을 따라 새벽같이 처녀들을 앞장세워 늦은 밤까지 노래를 부르게 하였다. 자정이 지날 무렵이 되자 도시의 여기저기 움푹 패어진 틈에서 시원한 물이 솟아올랐다. 그리하여 그 도시는 순식간에 황폐한 죽음의 공간에서 생명력과 활기가 넘쳐나는 생기의 도시로 바뀌었다. 마을 사람들은 청년을 향해 모두 한마음이 되어 이구동성으로 부탁했다.

"저희들의 위대한 지도자가 되어 주십시오!"

하지만 청년은 마을 사람들의 부탁을 들어줄 수가 없었다.

"죄송합니다. 여러분의 뜻은 고맙지만, 저는 권력을 취하려는 게 아니라 저 자신의 행복을 찾기 위해 길을 떠나왔습니다. 하지만 저는 아직 제가 찾고자 하는 것을 찾지 못했습니다. 그러니 여전히 저에게는 앞으로 갈 길이 멀답니다."

청년은 말을 마치고는 짐을 꾸려 길을 떠났다. 맹수들이 다니는 길을 지나 산양들이 자유롭게 노닐며 위풍당당한 독수리가 날아다니고 새털 같은 뭉게구름과 먹구름이 피어 있는 초원을 쉼 없이 걸었다. 심신은 지쳤고 애초에 행복을 찾겠다는 기대감도 거의 상실해 갈 무렵 문득 거대한 동굴을 보게 되었다. 동굴 입구에는 거대한 용이 불을 뿜고 있었다. 그리고 그 동굴 속에는 여신이 갇혀 있었다. 그는 어떠한 무기도 갖고 있지 않았지만 힘이 세고 용감했기 때문에 여신을 구해야겠다는 일념 하나로 용과 맞서 싸우기 시작했다. 그럴수록 용은 더욱 거세게 저항하였고 둘의 싸움은 더욱 격렬해졌다. 그때 청년이 수직으로 된 절벽으로 용을 유인하였다. 용은 청년을 향해 돌진하다 끝이 보이지 않는 절벽 아래로 떨어지고 말았다.

승리하긴 했어도 온몸이 만신창이가 된 청년은 동화 속에서나 나올 법한 동굴에서 눈이 부시게 아름다운 여신을 만나게 되었다. 드디어 행복의 열쇠를 거머쥔 여신이 입을 열었다.

"당신이 용을 이기고 나를 다시 자유롭게 했군요. 여기에는 루비, 사파이어, 터키옥, 다이아몬드처럼 온갖 진귀한 보석이 많이 있어요.

당신이 가져가고 싶은 만큼 가져가세요."

하지만 청년은 보석에는 아랑곳없이 자신이 지금까지 고민했던 질문을 던졌다.

"제가 갖고 싶은 것은 금은보화가 아닙니다. 날씨가 좋을 때나 나쁠 때나 상관없이 제 행복이 어디에 있는지 여신께 물어보기 위해 저는 산과 바다, 강과 들 등 험한 곳을 마다하지 않고 여기에까지 왔습니다. 왕은 권력에 취했을 때 행복감을 느끼고, 부자는 동전 소리에서 기쁨을 얻습니다. 거지한테는 빵 한 조각도 행복이고요. 하지만 저는 아직 어느 것에서도 행복을 느끼지 못하고 있습니다. 과연 저에게 행복이란 무엇인가요?"

청년의 말을 듣고 나서 미소를 띤 여신이 말했다.

"나를 믿고 희망을 가져요. 눈처럼 하얀 이 에델바이스 세 송이를 가지고 고향으로 돌아가면 당신이 그토록 찾아 헤맨 행복의 실체를 반드시 찾게 될 거예요. 자, 눈을 감으세요. 내가 그대의 고향으로 안내하지요."

그는 여신에게서 꽃을 공손히 받아들고 고맙다는 인사를 했다. 그리고는 눈을 감았다. 잠시 뒤 눈을 뜨고 정신을 차렸을 때 청년은 이미 고향에 와 있었다. 그런데 어찌된 일인지 그의 옆에는 여신을 닮은 우아하고 아름다운 여인이 서 있었다. 그녀는 포근한 달빛처럼 따뜻한 미소를 지닌 여인이었다.

"오, 아름다운 여인이여, 당신은 누구십니까? 오래 전부터 이곳에서 살고 있었나요? 아니 어디에서 갑자기 이렇게 나타난 것인가요?"

"당신은 당신이 아주 어릴 적 맨발로 걸어 다닐 때부터 저를 알아왔어요. 아직도 저를 모르겠나요? 제가 바로 당신의 소꿉친구였던 예나랍니다. 당신이 행복을 찾아 헤맬 때 저는 당신이 어서 고행을 끝내고 고향으로 돌아오기를 기다리던 해바라기였답니다. 지금까지 이곳에서 당신이 돌아오길 손꼽아 기다리고 있었어요."

여인은 수줍게 웃으면서 대답했다. 청년은 자신의 눈을 믿을 수 없었다. 자신이 이토록 힘겹게 찾고자 노력했던 자신의 행복이 아름다운 여인의 헌신으로 그토록 가까이 있었을 줄이야.

"사랑스러운 예나여, 이 세 송이의 에델바이스를 받아요. 행복이 바로 내 옆에 있었다는 걸 깨닫기 위해서 나는 세상의 절반을 돌아다녀야만 했군요. 이걸 행복한 여행이었다고 해야 하나요?"

청년과 여인의 얼굴에선 행복의 미소가 넘쳐났다.

요정의 바위

불가리아

깊은 산모퉁이를 돌면 술래잡기 하는 아이처럼 뿔뿔이 흩어진 오두막집들이 한 마을을 이루고 있었다. 마을 사람들은 숲 속과 밖을 독수리처럼 자유로이 생활하며 자신들의 삶에 만족하고 있었다. 비록 어둡고 깊숙한 숲 속이지만 아침부터 저녁까지 마을사람들의 노랫소리가 끊이질 않았다. 그만큼 마을은 아늑하고 평화로운 분위기였다.

평화로운 마을에는 유독 높게 솟아오른 사모디바라는 바위가 있었다. 사모디바는 숲 속에 사는 요정 이름으로, 이 요정은 하늘하늘한 날개가 있어 자유로이 하늘을 날아다닐 수 있다고 한다. 또한 강의 여왕이기도 해서 가뭄이나 홍수를 관장하기도 했다고 한다. 이뿐만 아니라 이 요정들이 하루를 마무리하는 밤에 다 같이 모여 매력적인 춤을 출 때면 퍼지는 은은한 향기는 죽어가는 사람도 살린다는 소문이 있었다. 하지만 사모디바는 요정이니만큼 찾기가 무척 어려웠다고 한다. 이 바위에 왜 사모디바라는 요정의 이름이 붙여진 것인지 알 수는 없지만, 워낙 가파른데다가 군데군데 구멍이 많고 뱀이 너무 많아서 사모디바처럼 날개가 있어야만 오를 수 있을 정도였다. 또한 한 번 웅장한 그 바위의 정상에 오르고 나면 세상 아래가 훤히 다 보인다고 하여 사람들은 모두 그 바위에 오르고 싶어 했지만, 그 일은 사모디바를 만나는 것만큼 어려웠다. 동네 청년들은 이 바위를 볼 때마다 깊은 한숨을 내쉬었다. 한 번 덤벼 보라는 듯 한껏 뽐을 내고 우뚝 솟아 있는 바위를 정복하고자 많은 청년들이 도전했으나 번번이 목숨을 잃었다. 젊은 청년들의 걱정거리는 비단 바위뿐이 아니었다. 막달리나라는 이름의 아름다운 처녀가 마을에 살고 있었는데 그녀는 한 번도 사내에게 눈길을 주거나 하는 일이 없었다. 저녁마다 지는 태양조차 그녀와의 이별이 못내 아쉬워 하늘을 물게 물들였다. 이러한 마음을 아는지 모르는지 그녀는 동네 젊은이들에게 여전히 냉담했으며 묵묵히 자신의 일에만 충실했다.

그녀의 아름다움은 깊은 숲 울타리를 넘어 먼 마을까지 소문이 자자했다. 돈 많은 사람, 잘생긴 사람, 용감한 사람 등 수많은 젊은이들이 그녀에게 청혼하기 위해 모여들기 시작했다. 그녀의 부모 역시 혼기가 가까워 오는 딸의 혼사를 서두르고 있었다. 하지만 남자에게 털끝만큼도 관심이 없는 막달리나는 끈질긴 부모의 설득에 사모디바의 바위로 자신을 데려다 줄 수 있는 남자와 결혼하겠다고 말했다는 조건을 내걸었다. 그 소식을 전해 들은 남자들은 깊은 절망감에 빠졌다.

"독수리의 날개를 가진 사람만이 저 바위에 오를 수 있을 거야."

"사모디바 바위에 데려다 달라는 건 우리보고 죽으라는 소리지 뭐."

"차라리 동반 자살을 할 사람을 찾는 게 빠르겠어."

몹시 실망한 젊은이들은 회의 섞인 비난을 퍼부으며 집으로 돌아갔다. 그러나 성실하고 부지런하기로 소문난 베룬이라는 청년만은 자리를 떠나지 않았다. 그는 다른 젊은이들이 도전해 보지도 않고 발길을 돌린 그 곳에서 혼자 모닥불을 피고 밤을 지새운 뒤 날이 밝자 막달리나의 집으로 찾아갔다. 오랫동안 막달리나를 사모해 오던 베룬에게는 막달리나의 마음을 사로잡을 수 있는 절호의 기회였다.

"막달리나, 나는 오래 전부터 당신을 사랑해 왔소. 당신과 함께라면 나는 어느 곳이든지 두렵지 않소. 내가 당신을 저 바위 위로 데려다 줄 테니 나와 함께 떠납시다."

베룬의 말을 들은 막달리나는 그의 용기에 크게 감동하여 두 손을 꼭 잡아주었다.

"만약 당신이 나와 함께 저 바위 위로 가준다면 저는 영원히 당신의 여자가 되겠어요."

"만일 바위에 오르다 잘못되어 최악의 상황이 닥쳐온다고 해도 당신은 절대 후회하지 않을 자신이 있소?"

"당연하지요. 바위 너머 세계를 꿈꾸며 사랑하는 사람과 함께 죽을 수 있다는 것은 집안에서 평범하게 살다가 생을 마감하는 것보다 더 낭만적인 일인 걸요. 저는 차라리 바위를 넘다가 당신과 함께 죽는 길을 택하겠어요. 만약 당신과 내가 끝까지 가지 못한다면 당신은 어떻게 할 생각인가요?"

"끝까지 갈 수 있다고 믿지 않았다면 처음부터 당신과 함께 가려고 마음먹지도 않았을 거요. 당신과 함께라면 지옥 끝이라도 함께 떠날 작정이오. 우리 서로를 의지하면서 저 바위를 넘어봅시다. 바위 너머 세계에는 우리가 새로 가꾸어 나갈 무언가가 반드시 있을 것이오."

베룬과 막달리나는 서로의 뜻이 통한 것에 크게 기뻐하며 두 손을 마주 잡았다. 이제는 바위를 향해 길을 떠나는 일만이 남았다.

다음 날 아침 마을 사람들은 베룬과 막달리나가 바위 위로 올라가는 것을 보기 위해 몰려들었다. 많은 사람들은 두 사람의 무모한 행동을 말리느라 정신이 없었다.

"베룬, 너는 뭣 때문에 죽으려고 하는 거야?"

"사랑과 이상을 위해서지. 무엇 때문이겠어."

베룬은 손톱만큼의 두려움과 망설임도 없이 야무지게 대답했다.

"막달리나, 구태여 바위에 오르지 않더라도 이 남자의 사랑을 확인할 수 있잖니. 왜 사서 고생을 하려고 들어. 잘못하면 두 사람 모두 죽을 수도 있다고."

"아니요. 저는 바위 너머 세상의 흰 바다를 봐야만 그의 사랑을 확인할 수 있을 것 같아요. 이게 제 운명이라면 기꺼이 따르겠어요."

막달리나 역시 고집을 꺽지 않았다.

"자, 이제 올라갈 시간입니다. 갑시다."

베룬은 막달리나의 손을 꼭 움켜쥐었다. 두 사람은 마을 사람들이 지켜보는 가운데 바위에 오르기 시작했다. 관목을 움켜지고 위태롭게 올라가는 두 사람을 지켜보는 마을 사람들의 눈빛은 불안함으로 가득 차 있었다. 돌 부스러기가 떨어질 때는 고개를 숙이며 눈을 질끈 감기도 했다.

베룬은 앞장서서 막달리나를 이끌었다. 막달리나가 편히 따라올 수 있도록 가시덤불을 헤쳐 놓고 관목을 늘어뜨려 길을 만들었다. 막달리나 힘들어 쉬고 있을 때에도 편한 길을 찾기 위해 돌아다녔다. 그렇게 두 사람은 구름 사이로 멀리 멀리 사라져갔다.

마을 사람들은 두 사람이 돌아오기를 하염없이 기다렸지만 그들은 끝내 돌아오지 않았다. 누군가는 그들이 정상에 오르다 목숨을 잃었을 것이라고 했고 또 누군가는 바위 너머 세상에서 행복하게 살고 있을 것이라 했다. 저마다 의견이 분분했으나 두 사람의 용기와 사랑에 감탄하지 않은 사람은 아무도 없었다. 그리하여 요정의 바위인 사모디바의 바위는 사랑과 꿈만으로 넘을 수 있는 경계의 표식이 되었다.

정인동과 호접란

대만

난초 섬이라 불리는 작은 섬 마을에 소아라고 하는 젊은 어부가 살았다. 어려서 일찍 부모님을 여의고 혈혈단신으로 살아 온 소아는 불쌍한 사람만 보면 아낌없이 도와주는 인정 많은 사람이었다.

어느 날 소아는 평소처럼 고기를 잡기 위해 바다로 나갔다. 그물을 쳐 놓고 물고기가 잡히길 한참을 기다렸지만 어찌된 일인지 물고기는커녕 개미새끼 한 마리로 구경할 수 없었다. 넓은 바다 위, 해는 뜨겁게 이글거렸고 당장이라도 집으로 돌아가고 싶은 마음이 굴뚝같았다. 하지만 당장 끼니를 걱정해야 할 정도로 형편이 좋지 않았던 소아는 한숨을 내쉬며 다시 그물을 쳤다. 얼마나 지났을까? 그물에 무언가 묵직한 것이 걸려든 느낌이 들었다. 소아는 젖 먹던 힘을 다해 힘껏 그물을 잡아당겼다. 그러나 어찌된 일인지 물고기는 한 마리도 찾아볼 수 없고 바닷물에 흠뻑 젖은 나비 한 마리가 애처롭게 걸려 있었다. 가엾은 마음에 소아는 햇볕이 잘 드는 곳을 찾아 나비를 살며시

내려놓았다.

"예쁜 나비야! 어쩌다가 바다에 떨어졌니? 이런, 날개가 다 젖었구나. 어서 햇볕에 몸을 말려 하늘 높이 날아 난초 섬으로 날아가렴. 그곳은 네가 살기 아주 편한 곳이란다."

나비는 소아의 보살핌에 곧 기운을 차렸다. 소아의 따뜻한 마음에 보답이라도 하는 듯 마른 날개를 펄럭이며 소아의 주의를 맴돌다 난초 섬 쪽으로 날아갔다.

다음 날 아침, 소아는 서둘러 집을 나섰다. 어제 빈 배로 돌아왔던 것을 떠올리며 오늘은 많은 물고기를 잡아야겠다고 다짐하며 발걸음을 재촉하는데 어디선가 살려달라는 애절한 목소리가 들려왔다. 소아는 소리가 나는 쪽을 쳐다보았다. 나무 위에 거대한 거미줄에 큰 나비 한 마리가 매달려 있었다. 그는 나비를 덮치려는 불거미를 나뭇가지로 재빨리 쫓아냈다. 그리고 거미줄에 걸린 나비를 얼른 풀어주었다. 손바닥 위에 앉은 나비를 자세히 보니 신기하게도 어제 그물에 걸렸던 나비였다.

"예쁜 나비야! 어쩌다가 거미집에 걸렸니. 자 얼른 도망가렴. 그리고 앞으로 조심해."

나비는 고맙다 듯 소아 주위를 맴돌다 나무 위로 날아갔다. 그 날 소아는 어찌된 일인지 그물이 넘치도록 많은 물고기를 잡았다. 배를 한 가득 채우고도 넘칠 만큼 잡은 물고기를 섬으로 돌아와 비싼 값에 팔았다. 모처럼 횡재를 해 신이 난 소아는 콧노래를 부르며 집으로 향했다.

소아가 막 잡목 숲길로 접어드는 순간, 화살에 맞은 어린 사자 두 마리가 소아의 품으로 뛰어 들었다.

"아저씨, 사냥꾼이 쫓아오고 있어요. 저희를 좀 숨겨 주세요."

소아는 재빨리 사자들을 바위굴로 숨겨주었다.

"여기 있으면 너희들을 다치게 하는 사람은 없을 거야. 앞으로 조심하렴."

사자들이 안전하게 바위굴에 있는 것을 확인하고 한결 가벼워진 발걸음으로 집에 돌아온 소아는 부엌에서 나는 맛있는 음식 냄새를 맡고는 깜짝 놀랐다.

'누구지? 아무도 올 만한 사람이 없는데…….'

소아는 곧장 부엌 달려가 문을 열어 보았다. 상 위에는 김이 모락모락 나는 흰 쌀밥에 갖가지 맛있는 반찬들이 가득 차려 있었다. 영문을 몰라 어리둥절한 소아 앞에 누군가 나타나 인사를 했다. 머리에 반짝이는 왕관을 쓴 어여쁜 아가씨였다.

"시장하시지요? 어서 식사하세요."

소아는 갑자기 나타난 아가씨의 모습에 놀라 물었다.

"누구세요? 왜 여기 있지요?"

그러자 아가씨가 대답했다.

"저를 기억 못 하시겠어요? 저를 두 번이나 구해 주셨잖아요."

"글쎄요. 저는 기억이 잘……."

아가씨가 갑자기 나비로 변신해 소아의 주변을 맴돌기 시작했다. 그제야 소아는 지난번 자신이 구해 줬던 나비가 아가씨임을 알게 되었다.

"저는 사실 나비왕국의 나비공주에요. 이틀 전 동해 용궁의 소청용과 결혼하기 위해 나비왕국을 떠나왔어요. 하지만 저는 소청용을 사랑하지 않아요. 그가 결혼하지 않으면 나비왕국을 없애 버리겠다고 다그치는 바람에 어쩔 수 없이 결혼을 승낙하게 되었어요. 그렇지만 도저히 사랑하지 않는 사람과 결혼할 수 없어 몰래 용궁에서 도망쳐 나왔답니다. 수영도 할 줄 모르는 저는 깊은 바다 속에서 허우적거리며 정신을 잃어가고 있었지요. 그러다 강렬한 빛줄기를 발견하고는 있는 힘을 다해 수면 위로 올라갔지요. 바로 그 강렬한 눈빛은 소아 당신이었어요. 그리고 오늘 아침에도 당신은 저를 구해 주셨지요? 당신의 은혜를 갚고 싶어요. 이제 나비왕국으로 돌아갈 수 없는 몸이니 제 남은 인생을 당신을 위해 살고 싶어요. 저와 결혼해 주시겠어요?"

나비공주의 이야기를 들은 소아는 한참을 고민하다가 나비공주의 마음을 받아주기로 마음먹었다. 그 날 저녁 소아와 나비공주는 간소하게 둘만의 결혼식을 올렸다. 하루하루 행복한 날들이 이어졌다. 소아는 나비공주를 위해 매일 바다에 나가 고기를 잡았고 나비공주는 소아를 위해 매일 맛있는 저녁을 준비했다. 날이 갈수록 두 사람의 사랑은 점점 깊어져만 갔다.

그러던 어느 날 비바람이 불기 시작했다. 고기를 잡으러 나간 소아가 걱정된 나비공주는 해변에 나가 서성이기 시작했다. 성난 파도가 거세게 일렁이고 빗줄기는 점점 굵어졌다. 날이 새도록 바닷가를 지켰지만 소아는 돌아오지 않았다. 하염없이 눈물을 흘리고 있는 나비공주 앞에 갑자기 어린 사자 두 마리가 나타났다. 어린 사자는 예전에 소아가 숨겨준 어린 사자였다.

"나비공주님, 큰일 났어요. 조금 전에 우리가 바위산 동굴 앞을 지나는데 동굴 안에서 사람 목소리가 들렸어요. 누군가 싶어서 안을 들여다보았더니 글쎄 소아 아저씨지 뭐예요. 소아 아저씨는 엄청나게 큰 거미줄에 묶여서 나비공주님을 애타게 부르고 있었어요. 불거미에게 잡힌 게 분명해요. 지금 아저씨를 구하지 않으면 불거미가 잡아먹고 말 거라고요."

어린 사자의 이야기를 들은 나비공주는 소스라치게 놀랐다.

"그 거미는 소청용의 친한 친구란다. 소청용의 사주를 받고 나를 억지로 데리고 가려다 소아 님 때문에 계획을 망쳤거든. 아마 소청용이 병사들을 이끌고 와 소아 님을 죽이고 나를 데려가려는 게 분명해. 어서 소아 님을 구해야겠어."

"아, 나비공주님, 저길 보세요!"

어린 사자가 겁에 질려 마을을 가리켰다. 소청용이 이끄는 병사들이 삽시간에 마을에 몰려와 인근 마을사람들까지 닥치는 대로 죽이고 있었다. 나비공주는 너무도 무서운 나머지 그 자리에 주저앉고 말았다.

"나비공주님, 시간이 없어요. 우린 마을로 가서 마을사람들을 구할게요. 나비공주님은 어서 하늘로 올라가 마조신께 도움을 청하세요."

나비공주는 어린 사자들의 말을 듣고 황급히 하늘로 날아갔다.

"자비로우신 마조신님, 저는 나비왕국의 공주입니다. 지금 난초 섬에 죄 없는 사람들이 소청용 때문에 죽어가고 있습니다. 부디 자비를 베푸시어 마을 사람들과 제 남편 소아를 구해주세요."

나비공주의 딱한 사연을 들은 마조신은 나비공주에게 옥구슬 한 개를 내주었다.

"이 옥구슬은 딱 한 번만 사용할 수 있다. 소청용을 죽이려면 거미를 죽이지 못할 것이고 거미를 죽이려면 소청용을 죽이지 못할 터이니 언제 사용하면 좋을지는 네가 판단하도록 하여라."

마조신에게 옥구슬을 건네받은 나비공주는 급히 난초 섬으로 돌아왔다. 어린 사자들은 소용청이 이끄는 병사들과 맞서 싸우느라 초죽음이 된 상태였고 소청용은 어마어마한 큰 파도를 만들어 남아 있는 마을 사람들까지 죽이려 들고 있었다. 해변의 바다는 죽은 사람들의 피로 붉게 물들어 있었다.

'먼저 소아 님을 구해야 하나, 아니면 섬마을 사람들을 먼저 구해야 하나……. 그래도 소아 님은 나를 두 번이나 구해준 생명의 은인인데……. 아, 어떻게 해야 하지?'

나비공주는 고민 끝에 생명의 은인인 소아를 구하기로 결심했다. 그러나 그 순간 소청용에 의해 어린 사자 두 마리가 처참하게 찢겨 죽임을 당하는 광경을 보고 말았다. 눈앞에 펼쳐진 끔찍한 광경을 보고 끓어오르는 분노를 참지 못한 나비공주는 소청용의 목을 향해 옥구슬을 힘껏 던졌다. 옥구슬에 맞은 소청용의 머리가 해변에 떨어졌다.

소청용의 머리는 곧 용머리 모양의 바위가 되었다. 소청용이 죽자, 그가 이끌던 병사들도 연기처럼 사라졌다. 붉게 물들었던 해변의 모래도 거짓말처럼 새하얗게 변했다. 또 두 마리의 어린 사자 역시 두 개의 바위가 되었다.

나비공주는 슬퍼할 겨를도 없이 소아가 있는 동굴로 급히 뛰어갔다. 동굴 안에 들어 선 나비공주는 거대한 거미줄에 매달려 의식을 잃은 소아의 모습을 보았다. 한 개밖에 없는 옥구슬을 이미 써버린 나비공주는 소아를 구하지 못한다는 죄책감에 고개를 떨어뜨렸다.

"거미님, 제가 왔어요. 거미님이 원하시는 건 제가 아닌가요? 이미 소청용도 죽고 없으니 소아 님을 풀어주시고 대신 저를 죽여 주세요."

"뭐라고? 내 절친한 친구 소청용이 죽었다고? 좋아, 이렇게 된 이상 차라리 널 죽여 소청용의 원한을 풀어주겠다."

"저는 아무래도 좋아요. 그러니 제발 소아 님을 살려 주세요."

"무슨 소리냐! 너희 둘 다 죽여도 시원치 않다. 서로 죽도록 사랑하는 사이니 내 너희 둘 다 죽일 것이다. 같이 저승길에 갈 수 있도록 도와주는 나에게 고마워해라."

하얀 거품을 문 거미가 천천히 나비공주에게 다가 왔다. 나비공주는 마지막으로 소아에게 큰 절을 올렸다. 거미가 독을 쏘려 나비공주에게 다가 왔을 때 공주는 품고 있었던 돌 두 개를 꺼내 힘껏 부딪혔다. 가슴에 독침이 박힌 나비공주는 죽을힘을 다해 다시 한 번 돌을 부딪쳤다. 순간 불꽃이 나비공주의 몸을 감싸고 번지기 시작했다. 불꽃은 삽시간에 거미의 몸에 옮겨 붙었고 거미는 그 자리에서 타 죽었다. 나비공주는 죽어가는 순간에도 소아를 위해 자신의 몸을 불덩이로 만들었다.

뒤늦게 깨어난 소아는 자신을 구하기 위해 타 죽은 나비공주를 바라보며 통곡했다. 오랫동안 동굴 안에 머물며 애통해 하던 소아는 끝내 사랑하는 나비공주 옆에서 눈을 감았다. 소아가 흘렸던 눈물은 고이고 고여 깊은 샘이 되었다. 그 샘은 넘쳐서 동굴 밖으로 흘러 작은 시내를 이루었으며 시내 주변에는 큰 나비 모양의 꽃이 피었다. 난초섬 사람들은 이 꽃을 나비공주의 환생으로 여기고 '호접란'이라는 이름을 붙여 주었다. 그리고 소아와 나비공주가 마지막 순간까지 함께 한 동굴은 '정안동'이라 불렀다.

복숭아꽃 부채

중국

중국 명나라 말, 양주성 안에는 이가루라는 유명한 찻집이 있었다. 이정려라는 여인이 운영하는 찻집으로 당대 내놓으라는 문인, 예술가들이 모여 차를 즐기고 화담을 나누는 곳으로 아주 유명했다.

이가루에서 석 달만 일을 하면 누구든 시문에 능통할 수 있다는 이야기가 나올 정도였다.

화창한 어느 날, 양문총이라고 하는 선비가 오랜만에 이가루를 찾았다.

"어서 오세요! 오랜만에 오셨군요."

이정려가 반가운 마음에 함박웃음을 보이며 양문총을 맞이했다. 양문총은 당시 이름난 문인 중에 한 명으로 자주 이가루에 들러 다른 선비들과 시를 읊거나 정치, 사회에 대한 견해를 나누곤 했다.

"내 일이 있어 그동안 여길 들르지 못했네. 참, 소문을 듣자 하니 주인장이 딸을 하나 얻었다고? 딸이 절세미인이라고 칭찬이 자자하던데. 어디 나도 한 번 절세미인 얼굴 좀 구경합시다."

양문총이 자리를 잡고 앉으며 이정려에게 말했다.

"예. 제가 복이 많아서 그런지 아주 예쁜 딸을 하나 얻었지 뭡니까. 물론 양 선생님께 선을 뵈 드려야지요. 얘야, 향군아! 향군아!"

"네 어머니."

방문을 열고 아리따운 아가씨가 들어와 양문총에게 얌전하게 인사를 올렸다. 아가씨의 이름은 향군으로 이정려의 양딸이었다. 뛰어난 미모와 재주를 갖춘 스무 살의 향군은 본래 양반집 규수였으나 가세가 기울어 당장이라도 돈 많은 장사꾼에게 억지로 시집을 가야할 처지였다. 사랑하는 사람과의 결혼을 꿈꿨던 향군은 마음에도 없는 장사꾼에게 시집을 가느니 집을 떠나는 것이 낫겠다고 생각했다. 짐을 챙겨 사랑과 자유를 찾아 떠돌던 향군은 몇 번의 위험한 고비를 넘기며 이곳 이가루까지 오게 되었다. 차나 한 잔 마시고 떠날 요량으로 들린 곳이었지만 손님들이 나누는 격조 높은 대화를 들으니 좀 더 오래 머물고 싶은 마음이 생겼다. 그래서 주인장인 이정려에게 자신의 딱한 처지를 이야기하고 일을 할 수 있도록 도와달라고 애원했다. 향군의 처지를 불쌍히 여긴 이정려는 자신의 집에 머물 것을 허락했고 보면 볼수록 아름답고 똑똑한 향군이 마음에 들어 수양딸로 삼게 되었다. 이정려는 어디에 내놔도 손색이 없는 향군을 많은 문인들에게 소개했다. 문인들과 자주 어울린 향군은 어느덧 시와 문장에 능통해졌고 뿐만 아니라 세태를 읽는 식견 또한 넓어져 아주 박식해졌다.

“향군아, 이분은 양문총 선생님이시다.”

“처음 뵙겠습니다. 향군이라고 합니다.”

“정말 백문이 불여일견일세. 향군에 대한 이야기는 내 많이 들었지만 소문대로 절세미인이구려.”

인사를 나눈 두 사람은 금세 친해졌고 많은 이야기를 나누게 되었다. 양문총은 향군의 다재다능한 재주와 나이답지 않은 탁월한 식견에 감탄하였고 둘은 나이를 초월해 좋은 이야기 동무가 되었다.

어느 날부터인가 향군은 양문총을 통해 후조종이라는 젊은 선비에 대한 이야기를 자주 듣게 되었다. 한 번도 그를 본 적은 없었지만 향군의 마음속에는 어느덧 후조종에 대한 호기심과 묘한 매력이 자리잡게 되었고 그를 만나고 싶은 마음이 하루가 다르게 커져만 갔다.

한편 남경에 있던 후조종도 소문을 통해 향군에 대한 많은 이야기를 들었다. 그녀의 미모와 재주, 학식 등의 이야기들은 후조종의 호기심을 자극했다. 두 사람의 감정을 가운데서 지켜보던 양문총은 후조종을 데리고 이가루를 방문했다.

“이쪽은 후조종이라고 하오. 이곳엔 처음이지만 워낙 유명인사이니 따로 소개하지 않아도 익히 들어 잘 알고 있지?”

양문총이 추조종을 추켜세웠다.

“당연하지요. 말씀 많이 들었습니다. 전에 다른 문인들과 함께 완대성(명말의 유명한 간신)을 때려 주셨다면서요?”

이정려는 넉살 좋게 웃으며 방에 있는 향군을 불렀다.

바깥에서 몰래 이야기를 엿듣던 향군은 깜짝 놀라 어찌할 바를 몰랐다. 이미 오래전부터 마음에 품고 있던 후조종을 만나게 되다니, 설렘과 두려움이 교차하면서 두근거리는 마음을 진정시킬 길이 없었다. 겨우 마음을 다잡은 향군은 담담한 표정을 지으며 조용히 방으로 들어갔다. 옅은 화장에 하얀 옷을 입고 있는 향군의 단아한 모습을 보자 후조종은 첫눈에 반해버리고 말았다.

"자, 유붕이 자원방래하니 불역락호(有朋自遠方來, 不亦樂乎)*라. 우리 앉아서 술이나 마시며 오늘 밤 신나게 놀아보세."

양문총이 호탕하게 웃으며 향군과 후조종을 맞은편에 앉혔다. 그리고는 갑자기 벌떡 일어나 좌중을 향해 큰소리로 이야기했다.

"자, 여러분 참 아름다운 밤입니다. 아름다운 밤에 아름다운 선남선녀라! 오늘은 후조종과 향군의 약혼식 날로 하는 것이 어떻겠습니까?"

순간 좌중이 조용해지는가 싶더니 갑자기 여기저기에서 박수소리가 터져 나왔다. 너무도 갑작스러운 양문총의 말에 두 사람 모두 얼굴이 붉어졌다. 오래전부터 사모하던 사이였고, 첫눈에 반한 사이라도 오늘 처음 얼굴을 대면한 두 사람에게 양문총의 제안은 너무도 갑작스러웠다. 두 사람의 붉어진 얼굴에 양문총은 더욱 짓궂게 말을 이어나갔다.

* 유붕자원방래 불역락호(有朋自遠方來, 不亦樂乎): 논어에 나오는 말로, '벗이 멀리서 찾아 주니 또한 즐겁지 아니한가?'라는 뜻이다.

"향군은 마치 3월에 피는 빨간 복숭아꽃 같고 조종은 동쪽 하늘에서 날아 온 나비 같으니 나비가 날아와 꽃을 만났는데 어색할 것이 무어가 있소. 자, 꽃과 나비가 만나는 것이야 당연한 자연의 이치요. 하하하. 두 사람의 부모님을 대신하여 내가 증인이 되어 주겠네. 주인장, 사위를 맞이하는 음식이 이래서 되겠어. 다시 상을 차리시오."

이정려 역시 향군이 명문가의 자제인 후조종과 인연을 맺는다니 더할 나위 없이 기뻤다. 더욱이 사위라는 말을 들으니 더욱 신바람이나 양문총의 말대로 맛있는 음식과 술을 장만해 모든 손님들에게 공짜로 대접하였다.

"조종아, 약혼식에 선물이 없어서야 되겠느냐. 아름다운 향군을 위해 시라도 한 수 지어 주거라."

잠시 망설이던 후조종은 수줍은 듯 자신이 지니고 다니는 부채를 꺼내 그 위에 시를 한 수 멋들어지게 지어 향군에게 주었다. 후조종의 마음이 담긴 부채를 받은 향군은 너무나도 기뻐 눈물을 흘리고 말았다. 이를 지켜보던 사람들은 두 사람의 영원한 사랑을 위해 축배를 들었다. 양문총의 도움으로 서로의 사랑을 확인한 두 사람은 서로를 운명이라 여기며 한시도 떨어져 있으려 하지 않았다. 하지만 행복도 잠시 불행의 그림자가 두 사람에게 향해 드리워져 있음을 아무도 예측할 수 없었다.

어느 날, 이가루에서 후조정과 향군이 이야기를 나누고 있을 때였다. 그날은 후조종이 향군에게 청혼을 하려 결심한 날이기도 했다. 막 청혼을 하려 무릎을 꿇으려 할 때 느닷없이 병사 두 명이 들이닥쳤다. 역모죄로 죄인을 데려오라는 어명을 받았다며 다짜고짜 후조종을 끌어냈다.

"조종님, 조종님!"

"향군, 걱정 마시오. 내 곧 돌아오리다. 난 결백하오. 그러니 곧 풀려날 것이오. 향군! 기다려 주오. 내가 돌아오는 날 우리 꼭 결혼합시다."

눈물을 흘리며 향군이 답했다.

"네. 기다리겠어요. 조종님이 주신 이 부채를 징표로 여기며 돌아오실 날만을 기다리겠어요. 부디 몸 성히 돌아오세요."

후조종을 역모 죄로 뒤집어씌운 사람은 간신 완대성이라는 작자의 짓이었다. 지난 번 후조정에게 호되게 당한 일에 원한을 품고 있던 완대성은 후조종을 곤경에 빠뜨리려 호시탐탐 기회를 노리고 있었다. 호조종과 향군에게 시작된 청천 날벼락과도 같은 이별은 시작에 불과했다. 역모죄로 후조종을 잡아 둔 것으로도 분이 풀리지 않았던 완대성은 후조종의 약혼녀 향군을 보쌈하여 자신의 첩으로 삼고자 했다. 이처럼 완대성의 못된 계획을 친한 관료에게 미리 들은 이정려는 수양딸 대신 자신을 보쌈해 가도록 일을 꾸몄다. 이게 격분한 완대성은 그 자리에서 이정려의 목을 베었고, 직접 향군을 데리러 이가루로 쳐들어갔다.

"향군아, 너는 꼭 행복해야 한다. 일단 산에 있는 절에 가서 몸을 피하거라."

이정려가 남긴 쪽지를 뒤늦게 본 향군은 자신을 위해 희생한 양어머니를 생각하자 마음이 갈기갈기 찢길 듯 아팠다. 그리고 완대성이 도착하자마자 향군은 품 안에 품었던 부채를 꺼내 큰 절을 올리고 그 자리에서 자결했다.

다음 날 소식을 듣고 이가루에 도착한 양문총은 싸늘히 죽어 있는 향군을 발견했다. 그리고 그 옆에 자신이 남기고 간 부채가 향군의 핏방울에 붉게 젖어 있는 것을 보았다. 양문총은 꽃다운 나이에 절개를 지키기 위해 죽음을 택한 향군의 넋을 기리며 부채 위 향군의 핏자국으로 복숭아꽃 모양의 그림을 그렸다.

"진짜 도화부채네."

그림을 완성하고 난 양문총이 한숨을 몰아쉬며 힘없이 말했다.

그 후 얼마 있다가 청나라에 의해 명나라는 몰락했다. 간신 완대성도 처형을 당했다. 후조종은 역모죄의 누명을 완전히 벗었으며 자유의 몸이 되었다. 그러나 애타게 찾던 향군을 만나러 왔을 때 남겨진 것이라고는 양문총이 건넨 도화부채뿐이었다. 후조종은 아무 말 없이 물끄러미 부채만 바라보다가 밖으로 뛰쳐나갔다. 이후 후조종을 본 사람은 아무도 없었다.

화려하지만 처절한 아름다움이 묻어 있는 핏빛 복숭아꽃. 두 사람의 사랑 이야기는 이렇게 도화 부채 속에 담겨 많은 사람의 마음을 애절하게 만들었다.

If you would be loved, love and be lovable.
사랑받고 싶다면 사랑하라, 그리고 사랑스럽게 행동하라.

Benjamin Franklin

To love is to receive a glimpse of heaven.

사랑하는 것은 천국을 살짝 엿보는 것이다.

Karen Sunde

4부.
하늘이 맺어준 사랑

백사전 • 쿠깜(전쟁으로 맺어진 인연) • 맹강녀 이야기
상꾸리앙(슬픈 인연) • 시티 누르바야 • 라마와 신따
가엾은 리자 • 민난다와 신웨눈 • 남편을 기다리는 돌상
장수와 미인 • 하늘이 맺어준 사랑

백사전

중국

중국 송나라 때 허선이라는 사람이 살았다. 그는 항주에서 제일 잘나가는 약방 주인으로, 서호에서 만난 백낭자와 소청이라는 자와 자주 어울려 지냈다.

하지만 허선이 감쪽같이 모르는 것이 있었으니 바로 백낭자는 원래 하얀 뱀이었으나 천 년 동안 수련을 한 끝에 인간으로 변한 미물이고, 소청은 본래 푸른 뱀이었으나 역시 수련을 통해 사람으로 변한 것이라는 사실이었다.

우리가 사는 세상을 가만히 들여다보면 저마다 크고 작은 만남과 인연들로 이루어져 있다. 그것은 사람과 사람 간의 일이기도 하거니와 때로는 사람과 미물 간에 생겨나기도 하는 법이다.

장대비가 내리던 어느 날, 젊은 남자인 허선은 버드나무 아래에서 비를 피하는 두 여자, 백낭자와 소청을 보게 되었다. 그는 우산을 빌려 주고 배까지 불러 그들을 집까지 데려다 주었다. 이때 백낭자는 친절한 허선에게 호감을 느끼게 되었다. 그리고 다음날 우산을 돌려주겠다는 이유로 허선을 집으로 초대하였다.

그날의 인연을 계기로 두 사람의 만남의 횟수가 점점 늘어갔고, 만나는 동안 두 사람 사이에 사랑하는 감정과 결혼하고픈 감정이 싹텄다. 하지만 본디 뱀인 백낭자는 항상 불안했다. 언젠가 자신이 뱀이라는 사실이 드러나면 큰 낭패를 보게 되리라는 생각에 허선의 청혼을 매번 뿌리쳤다. 그러다 결국 허선의 끈질긴 구애를 받아들여 부부의 연을 맺게 되었다.

결혼한 후에 백낭자는 자신의 선법(仙法)을 이용하여 허선이 백성들의 병을 고치는 일을 힘껏 도왔다. 허선의 뛰어난 의술은 삽시간에 퍼져나갔고, 허선의 약방은 사람들의 발길이 끊이지 않았다.

그러던 어느 단오절, 사람들과 어울려 즐거운 시간을 보내던 백낭자는 그 자리에 뱀들이 가장 무서워하는 술인 웅황주(雄黃酒)가 있는 것을 발견했다. 그녀는 웅황주를 긴장한 채 바라보았다. 그런 내막을 꿈에도 알 리 없는 허선은 분위기에 취해 아내인 백낭자에게 웅황주를 마시도록 권하였다. 거듭되는 허선의 청을 거절할 수 없었던 백낭자는 결국 웅황주를 마시고 말았다. 그러자 그녀의 몸이 순식간에 하얀 뱀으로 변했다. 그런 백낭자의 모습을 본 허선은 그만 충격을 이기지 못하고 그 자리에서 놀라 죽고 말았다.

다급해진 백낭자는 허선을 살리기 위해 아미산(峨眉山)의 남극선옹(南極仙翁)이 가지고 있는 영지선초(靈芝仙草)를 구하러 갔다.

그러나 남극선옹은 순순히 영지성초를 내놓지 않았다. 결국 남극선옹과 치열하게 싸운 끝에 간신히 영지선초를 구한 백낭자는 허선에게 영지선초를 먹여 허선을 살릴 수 있었다.

백낭자는 깨어난 허선을 향해 허선이 꿈을 꾸었다고 돌려 말했으나 허선은 도무지 믿으려고 하지 않았다.

허선은 백낭자의 정체를 알아내기 위해 금산사(金山寺) 스님이었던 법해(法海)를 만나러 갔다.

법해선사가 허선에게 말했다.

"당신의 아내는 천년 동안 수련을 한 하얀 뱀이라네. 일단은 이곳에서 은신하며 화를 면하는 것이 좋을 걸세."

허선은 도무지 믿기지 않았지만 법해선사의 말을 따라 금산사에 잠시 머물기로 했다.

한편 백낭자는 남편이 돌아오지 않자 소청과 금산사에 찾아가서 남편을 만나게 해달라고 간곡히 청했다.

그러나 그때마다 법해는 요괴가 인간과 결혼할 수 없다는 것을 이유로 거절했다. 그로 인해 머리끝까지 화가 난 백낭자는 시녀인 청아(청사의 요정)와 함께 근처에 있는 강에서 물을 다 끌어와 금산사를 물에 잠기게 하였다. 이 일로 인해 수많은 사람들이 죽게 되었고, 법해는 할 수 없이 허선을 풀어 주었다.

이로써 백낭자와 허선은 다시 함께할 수 있게 되었다. 그러나 허선은 백낭자를 볼 때마다 그녀가 한 일들이 생각나 무서운 느낌이

들었다.

그 후로 허선이 법해를 찾을 때마다 법해는 허선에게 계속해서 백낭자와 헤어지라고 설득하였다. 그리고 허선에게 신령스런 발우(절에서 쓰이는 승려의 그릇)를 백사의 머리에 두라고 일렀다. 법해가 허선에게 준 발우는 둔갑한 미물의 형상을 그대로 드러나게 하는 신령스런 힘을 지닌 것이었다.

백낭자와 소청은 발우에 의해 자신들의 원해 모습이 드러나고 말았다. 법해는 기다렸다는 듯이 발우에 그 둘을 넣고는 뇌봉사(雷峰寺) 앞에 돌로 칠급보탑(七級寶塔)을 쌓아 함께 가두어버렸다. 그리고 그녀들을 가둔 탑의 이름을 뇌봉탑(雷峰塔)이라 명했다. 법해가 탑 아래에서 말하기를, "서호의 물은 마르고, 강호는 물결이 일지 않으며, 뇌봉탑은 넘어져야만, 백사가 세상에 드러나리라!"하고 외쳤다.

결국 백낭자는 수만금산(水漫金山)의 일로 벌을 받고 20년 동안 뇌봉탑 밑에서 갇혀 살았다.

20년 동안 허선은 금산사에서 공부를 하였고 백낭자는 뇌봉탑 안에서 불법을 배웠다. 이 사이 백낭자가 임신하여 낳은 아들인 허사림은 훌륭하게 자라 과거를 보고 장원급제를 하였다. 황제를 알현할 기회를 빌어 허사림은 황제에게 "저의 어머니 백낭자가 계신 뇌봉탑을 참배하고 싶습니다."라고 간청했다. 허사림의 말에 황제는 효자라고 칭송을 아끼지 않았다. 허사림은 서호부터 시작하여 어머니가 계신 뇌봉탑까지 무릎을 꿇고 머리가 세 번 땅에 닿도록 하는 절을 세 번씩 반복하였다.

하늘은 스스로 돕는 자를 돕는다고 했던가. 허사림의 효심에 감동한 부처님은 법해선사에게 백낭자를 풀어줄 것을 명하였고, 백낭자는 드디어 허선과 아들을 만나게 되었다.

그 후 백낭자와 허선은 신선이 되어 훨훨 하늘로 날아갔다.

쿠캄

전쟁으로 맺어진 인연

태국

태국의 수도 방콕에 앙쑤마린이라는 아이가 살았다. 앙쑤마린은 어렸을 때부터 아버지 없이 자랐지만 어머니와 외할머니의 따뜻한 사랑 속에서 어여쁘게 성장했다. 앙쑤마린의 아버지는 해군이었는데 그녀가 어렸을 때 이탈리아로 근무하러 간 이후 소식이 끊어졌다고 한다.

앙쑤마린에게는 어렸을 때부터 함께 자란 와낫이라는 친구가 있었다. 와낫은 앙쑤마린보다 나이가 조금 많았는데 앙쑤마린은 다정다감한 그를 친오빠처럼 잘 따랐다.

와낫은 어렸을 때부터 함께 자란 앙쑤마린을 점점 사랑하게 되었다. 하지만 그녀를 사랑한다는 사실을 표현하지는 않았다. 앙쑤마린의 어머니도 와낫을 친아들처럼 사랑했고, 와낫의 아버지도 앙쑤마린을 자기 딸처럼 사랑했다. 그래서 앙수마린의 어머니와 와낫의 아버지는 종종 두 아이의 장래에 관해 이야기를 나누곤 했다.

그러던 어느 날 와낫이 장학생으로 뽑혀 5년간 영국으로 유학을 가게 되었다. 와낫은 자신이 유학간 사이에 앙쑤마린이 다른 사람에게 시집갈까봐 두려워 용기를 내어 그녀에게 사랑 고백을 했다.

고백을 받은 앙쑤마린은 얼굴이 붉어지고 가슴이 두근거렸다. 앙쑤마린은 기쁜 마음으로 "와낫! 저는 당신의 사랑을 믿어요. 하지만 당신이 돌아오면, 그때 제 마음을 알려 드릴게요."라고 말하며 후일을 기약했다. 며칠 뒤 와낫은 영국으로 출발했다. 그런데 와낫이 떠난 지 얼마 지나지 않아 유럽에서 제 2차 세계대전이 시작되었다. 가끔씩 보내온 와낫의 편지에는 자신의 안부와 함께 전쟁에 대한 내용이 실려 있었다. 앙쑤마린은 와낫을 걱정하면서 하루하루를 보내게 되었다.

전쟁의 영향을 받는 지역이 갈수록 확대되어 더 이상 방콕도 안전지대가 아니었다. 일본군이 방콕의 중요 지역을 점령하면서 와낫의 소식도 끊기게 되었다.

어느 날 앙쑤마린은 방콕의 너이 강에서 수영을 하다가 근처에 있는 조선소를 보게 되었다. 그곳이 어떤 곳일까 호기심이 생긴 그녀는 조선소 근처를 살펴보던 중에 한 일본 남자와 마주치게 되었다. 그 남자는 영관급 군인으로 자신을 코보리라고 소개했다.

하지만 일본인에 대해 부정적인 생각을 갖고 있던 앙쑤마린은 코보리를 무시한 채 집으로 돌아왔다. 그 후로도 둘은 어쩌다 가끔 마주쳤지만 앙쑤마린은 여전히 그를 아는 체도 하지 않았다. 그런데 코보리는 그런 앙쑤마린에게 점점 마음이 끌리고 있었다.

그러던 어느 날 앙쑤마린의 외할머니가 갑자기 쓰러졌다. 이 소식을 들은 코보리는 의사 요치와 함께 앙쑤마린의 집으로 와서 외할머니를 극진히 치료해 주었다. 또 전갈에게 쏘인 앙쑤마린도 치료해 주었다. 이 일이 있고 난 뒤부터 코보리는 앙쑤마린뿐만 아니라 그녀의 가족과도 친하게 지내는 사이가 되었다.

어느 결에 마음이 열린 앙쑤마린이 코보리와 함께 길을 가던 중 불행하게도 폭탄이 그들의 주변으로 떨어지고 말았다. 코보리는 앙쑤마린을 구하기 위해 재빠르게 그녀를 밀쳐냈지만 정작 자신은 안전하게 피하지 못했다. 코보리는 정신을 잃기 직전 자신의 곁으로 달려온 앙쑤마린에게 사랑한다는 고백을 하고는 의식을 잃고 말았다.

다행히 코보리의 부상은 심각한 정도는 아니었다. 하지만 평소에도 신세를 지고 이제 목숨까지 구해준 코보리의 고백이 앙쑤마린의 머릿속에서 떠나질 않았다. 와낫을 잊은 것은 아니었지만 앙쑤마린은 자신도 모르는 사이에 코보리를 사랑하게 되었음을 알게 되었다.

그리고 언제부턴가 마을 사람들 사이에서 앙쑤마린과 코보리가 서로 사랑하고 있다는 소문이 나돌기 시작했다. 전쟁의 적대국인 일본 장교와 사귄다는 것은 여자인 앙쑤마린에게는 정말 나쁜 소문이었다.

이 소문을 듣게 된 와낫의 아버지는 걱정스런 마음으로 앙쑤마린의 집으로 찾아가 자신이 들은 이야기를 꺼냈다. 앙쑤마린은 지금까지 코보리와 있었던 자초지종을 설명했고, 와낫의 아버지는 그녀를 이해하며 두 사람을 축복해 주었다. 그러나 이 소문으로 인해 앙쑤마린에게 혹시라도 무슨 안 좋은 일이 생기지 않을까 하는 생각에 그녀의 가족은 불안해했다. 코보리도 자신 때문에 앙쑤마린과 그녀의 가족이 동네에서 손가락질 당하는 것을 마음 아파하며 어떻게 해야 좋을지를 고민하였다. 그래서 친구 요치를 찾아가 고민을 털어놓았다.

요치는 문제를 해결하는 최선의 방법은 코보리가 앙쑤마린의 가족을 찾아가 청혼을 하고 가능하면 빨리 그녀와 결혼하는 것이라고 말했다. 코보리는 요치의 조언에 힘을 얻어 앙쑤마린의 가족을 찾아가 두 사람의 결혼을 승낙해 달라고 말했다. 그런데 앙쑤마린의 어머니는 이 결혼을 승낙했으나 정작 앙쑤마린이 머뭇거리며 청혼을 거절했다. 코보리를 진정으로 사랑하고는 있지만 전쟁을 일으켜 태국 사람을 고통스럽게 하는 일본 사람과 결혼하는 것은 마을 사람들의 정서상으로도 그렇고, 그녀 스스로도 용납할 수 없는 일이라고 생각했기 때문이다.

코보리는 그러한 앙쑤마린의 마음을 잘 헤아려 자신도 일본의 전쟁을 반대하고 있으며 이 지역 사람들을 위해 도움 될 일이면 무엇이든 하겠다고 거듭 설득했다. 이렇게 열정적이고 끈질긴 코보리의 청혼을 앙쑤마린도 결국은 받아들이게 되었다.

결혼한 지 얼마 지나지 않아 앙쑤마린은 코보리의 아이를 임신했고 두 사람은 행복한 하루하루를 보내고 있었다. 그러던 어느 날 와낫이 낸 전갈이 그녀에게 도착했다.

일본군을 몰아내기 위해 와낫이 미국의 척후병이 되어 태국으로 돌아올 것이라는 내용이었다. 이제 전쟁을 거의 끝나갈 무렵이었고 태국에 남아 있는 일본군들에게 미국이 최후의 공세를 감행하는 시기였다.

어느 날 앙쑤마린은 수많은 폭탄이 코보리의 부대가 주둔한 곳으로 떨어지는 것을 보았다. 그녀는 만삭의 몸으로 코보리를 찾으러 달려 나갔다. 찾고, 찾고 또 찾아 겨우 코보리를 발견했으나 남편은 이미 폭탄을 맞아 온몸이 피범벅이었다.

앙쑤마린은 코보리를 부둥켜안은 채 오열하며 죽지 말라고, 죽지 말라고 소리를 질렀다. 이미 죽음을 예감한 코보리는 겨우 입을 열어 아스라이 멀어지는 듯 보이는 사랑하는 아내 앙쑤마린에게 "여보, 우리의 아이를 잘 키워줘."라는 말을 남기고 숨을 거두었다. 앙쑤마린은 죽은 코보리의 시신을 부둥켜안으며 아이를 잘 키우겠다는 약속을 하였다.

마침내 전쟁이 끝나고 와낫이 돌아왔으나 앙쑤마린은 더 이상 그를 찾지 않았다. 와낫과의 사랑은 한 시절의 아련한 추억일 뿐, 이제 그녀의 품 안에는 코보리와의 사랑으로 태어난 어여쁜 아기가 날마다 새록새록 자라나고 있기 때문이었고, 더 이상 와낫이 자신의 쿠캄(연인)이 아님을 깨달았기 때문이었다.

맹강녀 이야기

중국

중국 진나라 때 맹씨네 집이 있었는데 맹씨네는 농장을 하며 박을 키웠다. 그런데 박 줄기 하나가 이웃집 강씨 집으로 넘어가 열매를 맺자 사이좋은 맹씨네와 강씨네는 박을 수확하면 그 박을 반씩 나누기로 했다. 가을이 되어 박을 따려고 하는데 박 속에서 어린 아이의 울음소리가 들렸다. 맹씨 노인이 기이하여 박을 열어 보니 그 안에는 발그레한 얼굴에 앵두 같은 입술의 예쁜 꼬마가 있었다. 두 집안에서 모두 그 꼬마를 기르고 싶어 양보하지 않다가 촌장이 두 집안이 함께 키우도록 판결을 내리자 꼬마는 '맹강녀'라는 이름을 얻고, 자식이 없는 맹씨 노인의 집에서 자라면서 두 집안 모두의 사랑을 받으며 무럭무럭 자랐다.

맹강녀는 아름답고 마음씨가 착하며 매우 총명하고 솜씨도 좋은 여인으로 자랐다. 이에 사람들은 맹강녀가 길쌈하는 모습은 마치 직녀와 같고 노래를 부르는 모습은 앵무새 같다며 그녀의 아름다움과 솜씨를 칭찬했다.

그런데 이즈음 진시황이 만리장성을 건설하기 위해 전국에서 젊은 남자를 징집하고 있었다. 범희량(範喜良)이라는 젊은 선비는 그 같은 노역을 피하기 위해 도망친 사람들 중의 하나였다. 고향을 떠나 이곳저곳을 헤매던 범희량은 마침 맹강녀가 사는 동네에 당도했다. 피로에 지친 그는 무작정 인가에 들러 물 한 모금을 청했다.

그런데 그때 밖에서 군사들이 지나가는 소리가 들렸다. 당황한 범희량은 담 아래에 몸을 바싹 붙인 채 밖의 기색을 살폈다. 집안을 거닐던 맹강녀가 범희량의 모습을 발견한 것은 바로 그 순간이었다. 맹강녀는 잘 생긴 범희량에게 첫눈에 반했고, 이에 방에 들어가 부모님께 이 사실을 말씀드렸다. 맹강녀의 부모가 범희량을 불러와 그의 이름, 주소, 여기까지 와 숨게 된 이유 등을 일일이 물어봤는데 범희량은 있는 그대로의 사실을 말했다. 이윽고 거짓 없고 반듯한 범희량의 모습에 안심하게 된 맹강녀의 부모는 자신들의 집에 그를 숨겨 주기로 결정했다. 이렇게 해서 범희량은 맹씨네 집에서 지내게 되었고, 그 동안 범희량과 맹강녀 두 사람은 점점 정이 들어 사랑에 빠졌다.

맹강녀의 마음은 이미 범희량에게 가 닿았고, 범희량의 인물과 학식, 사람 됨됨이를 좋게 본 맹강녀의 부모 역시 두 사람의 결혼을 허락했다. 그런데 드디어 결혼식을 올리는 당일, 큰 불행이 찾아왔다. 한 무리의 병사들이 결혼식장에 몰려와 범희량을 잡아가 버린 것이다.

남편이 붙잡혀간 후 맹강녀는 슬픔으로 날마다 울었다. 남편을 향한 맹강녀의 절절한 그리움에도 아랑곳없이 날이 계속 추워지자 맹강녀는 밤잠도 잊은 채 겨울옷을 몇 벌이나 만들어 챙긴 후 남편을 찾아 집을 떠났다. 집을 나와 수없이 산을 넘고 수많은 물을 건넜다. 배가 고프면 찬밥을 얻어먹고 목이 마르면 강물을 마셨다. 낮에는 온종일 걷고 밤에는 바위에 지친 몸을 기대었으나 얼음같이 찬 바위는 맹강녀에게 휴식을 줄 수 없었다.

이렇듯 평생 생각도 못했던 고생을 하며 범희량을 찾아가던 맹강녀는 어느 날 쑥대밭이 된 한 마을에 도착했다. 이미 날도 어두워지고 몸은 피곤한데 갈 데가 없는 맹강녀는 피곤한 몸을 이끌고 빈 절집을 찾아들었다. 괴괴한 적막 속에 뒤척이던 그녀는 날이 밝자마자 다시 길을 재촉했으나 너무 지친 나머지 몇 걸음을 옮기기도 전에 길에서 쓰러지고 말았다.

다시 눈을 떴을 때 맹강녀는 한 노인의 집에 누워 있었다. 인정 많은 집주인은 그녀를 위해 따뜻한 음식을 준비해 주고 약도 지어 주었다. 덕분에 어느 정도 몸을 추스르게 된 맹강녀는 감사의 인사를 드린 다음 주인의 만류에도 불구하고 다시 길을 떠났다.

쇠약한 몸을 이끌고 그녀는 걷고 또 걸었다. 그렇게 10여 일이 지난 후 맹강녀는 드디어 만리장성을 쌓고 있는 현장에 도착했다. 공사에 동원된 인부가 너무 많아서 남편 범희량이 어디에 있는지 도저히 알 수가 없었다. 하는 수없이 맹강녀는 노역에 지친 사내들을 일일이 붙잡고 남편의 행방을 물었다. 그렇게 묻기를 수십, 수백 차례. 모른다는 대답만 돌아와 남편을 만나리라던 희망이 절망으로 변하려는 순간, 마침내 범희량을 안다는 사람이 나타났다. 그러나 그의 입에서 나온 말은 청천벽력과도 같았다. 한참을 망설이던 그는 범희량이 고된

노동과 배고픔을 견디지 못하고 죽었다는 소식을 전했다. 범희량의 죽음을 믿을 수 없었던 맹강녀는 실낱같은 희망으로 물었다.

"그이가 나를 두고 죽었을 리 없어요. 그럴 리가 없어. 그이가 죽었다면, 그렇다면, 시신은요? 시신은 어디에 있죠?"

"만리장성 밑에 묻었습니다."

맹강녀가 그 말을 듣고 그 자리에서 대성통곡을 하자 천둥번개와 함께 거센 비바람이 몰아쳤고 마침내, 주변 40리의 만리장성이 무너지면서 수많은 백골들이 모습을 드러냈다.

그때 맹강녀는 예전에 어머니에게서 들었던 말을 떠올렸다. 죽은 사람의 뼈에는 가족의 피가 스며들 수 있다는 말이었다. 맹강녀는 주저 없이 자신의 손가락을 물어뜯었다. 그리고는 자신의 피를 수많은 백골에 일일이 다 피를 흘려보고서야 결국 남편 범희량의 시체를 찾아냈다.

때마침 불로초를 찾아 순행 중이던 진시황이 이 사실을 보고받았다. 화가 난 진시황은 맹강녀를 당장 잡아들이라고 명했다. 그런데 어여쁜 맹강녀를 직접 본 진시황은 그녀의 미모에 반해 이내 화가 다 풀렸고 그녀를 자신의 비로 삼으려고 마음먹었다.

맹강녀는 억울하게 죽은 남편의 원혼을 달래주어야겠다는 생각이 들어 소원 세 가지를 들어주면 진시황의 말을 따르겠다고 했다. 그 첫째는 남편의 분묘를 만들어달라는 것이고, 둘째는 남편의 무덤 앞에 절을 하라는 것, 그리고 마지막 소원은 3일 동안 바다 구경을 하게 해달라는 것이었다.

어떻게든 맹강녀를 차지하고 싶었던 진시황은 그녀의 청을 다 들어주겠다고 약속했다. 그렇게 두 번째 소원까지 이루고 이제 마지막 소원을 이루기 위해 바다 구경을 하는 날이었다. 배에 있던 맹강녀는 갑자기 뱃머리로 올라섰다. 그리고는,

"수많은 원혼으로 인해 진나라는 오래 가지 못해 망할 것이다."

이 말을 남기고 그녀는 시퍼런 바닷물 속으로 뛰어들었다.

사랑을 잃고 한 맺힌 인생을 마감해야 했던 맹강녀의 피맺힌 한 때문이었을까. 진나라는 맹강녀의 말처럼 그 후 얼마 지나지 않아 민심을 잃고 멸망하고 말았다.

상꾸리앙
슬픈 인연

인도네시아

먼 옛날, 빠라히양안에 다양 숨비라는 소녀가 살고 있었다. 어느 날 다양 숨비는 언덕 위에서 실을 감다가 실을 언덕 아래로 떨어뜨렸는데 실을 주우러 가기가 싫어서 꾀를 내었다.

"만약 언덕 아래의 실을 주워 오는 사람이 여자면 그 여자는 나의 자매가 될 것이고, 남자면 그 사람을 내 남편으로 맞겠습니다."

하고 하늘에 맹세한 것이다. 그러나 잠시 후에 그 실을 주워 온 이는 사람이 아니라 '뚜망'이라는 수캐였다. 숨비는 실을 물고 있는 개를 보고 너무 어이가 없어 한동안 아무 말도 할 수 없었지만 하늘과의 맹세를 지키기 위해 그 개와 결혼하기로 했다.

숨비는 뚜망과 결혼한 후에 잘생긴 아들을 낳았는데 그 아이의 이름을 상꾸리앙이라고 지었다. 숨비는 정성껏 상꾸리앙을 키웠고 그녀의 사랑에 보답이라도 하듯이 상꾸리앙은 건강하고 똑똑한 아들로 무럭무럭 자라났다. 숨비는 상꾸리앙이 상처를 받을까 봐 아들에게는 아버지가 개라는 사실을 비밀로 하였다.

그러던 어느 날 숨비는 사슴의 간과 심장이 먹고 싶어 아들에게 사슴의 간과 심장을 구해 달라고 부탁했다. 어머니의 말을 들은 상꾸리앙은 뚜망을 데리고 사슴 사냥을 나갔지만, 하루 종일 숲을 헤매어도 사슴의 그림자도 볼 수 없었다. 해는 저물어가고 피곤함과 배고픔에 지친 상꾸리앙은 어떻게 하면 어머니를 실망시키지 않을까 고민을 하기 시작했고, 그때 마침 상꾸리앙의 눈에 물끄러미 자신을 쳐다보고 있던 뚜망의 모습이 들어왔다.

상꾸리앙은 자신을 잘 따르던 뚜망에게는 미안했지만 하나뿐인 어머니를 위해 뚜망을 죽여 간과 심장을 꺼냈다. 숨비는 그것이 남편인 뚜망의 간과 심장이라는 것은 꿈에도 생각하지 못하고 곧 요리를 하여 맛있게 먹고는 만족스러운 얼굴로 아들에게 물었다.

"상꾸리앙, 그런데 뚜망은 왜 보이지 않니?"

죄책감에 시달리던 상꾸리앙은 어머니의 만족스러운 얼굴을 본 후에야 비로소 사실을 이야기했다. 아들의 말을 들은 숨비는 먹은 것을 모두 토해내고 가슴을 치며 애통해했다. 숨비는 아들에게 뚜망이 아버지라는 사실을 비밀로 했던 자신을 원망하며 상꾸리앙에게 모든 사실을 털어놓았다. 이야기를 들은 상꾸리앙은 벽에 머리를 짓이기며 자신과 어머니를 원망했다. 그리고는 다시는 집에 돌아오지 않겠다면서 집 밖으로 뛰쳐나갔다.

집을 나온 상꾸리앙은 정처 없이 이곳저곳을 떠돌다 고향에서 아주 멀리 떨어진 마을에 도착했다. 다행히 인정 많은 마을 사람들의 도움을 받아 상끄리앙은 그 마을에 정착했다. 시간이 흘러 상꾸리앙은 건장한 청년으로 성장했고, 마을에서 상꾸리앙을 흠모하지 않는 처녀가 한 명도 없을 정도로 아주 매력적인 외모를 지닌 청년이 되었다.

그렇게 상꾸리앙은 행복한 나날을 보냈지만 혈육의 정은 어쩔 수 없는 것인지 어느 날 문득 어머니와 고향이 그리워졌다. 그리움이 짙어지자 상꾸리앙은 잊혀진 기억을 더듬고 사람들에게 길을 물어 고향으로 찾아갔지만 어머니는 벌써 다른 곳으로 이사를 가 찾을 수 없었다.

크게 낙담한 상꾸리앙은 힘없이 집으로 돌아가던 길에 날이 저물자 작은 마을에 잠시 묵어가기로 했다. 그런데 그 마을에서 상꾸리앙은 원숙하고 어여쁜 여인을 만나 운명처럼 첫눈에 사랑에 빠졌다. 그 여인과의 사랑을 이루기 위해 상꾸리앙은 집으로 돌아가는 것도 포기하고 온갖 애정 공세를 쏟아 부었다. 처음에는 꿈쩍도 않던 그녀의 마음도 상꾸리앙의 진실된 마음에 조금씩 움직여 드디어 그녀는 상꾸리앙의 청혼을 받아들였다.

결혼식을 며칠 앞둔 밤, 상꾸리앙과 다정히 이야기를 나누며 상꾸리앙의 머리를 쓰다듬던 그녀는 상꾸리앙의 머리에 상처가 있는 것을 발견했다. 그녀는 상처가 생긴 연유에 대해 물었고 상꾸리앙은 자신의 과거에 대해 솔직하게 털어놓으며 머리의 상처는 과거 그 사실을 알고 벽에 머리를 짓이길 때 생긴 상처라고 말했다. 상꾸리앙의 이야기가 끝나자 그녀는 믿을 수 없다는 표정으로 상꾸리앙을 쳐다보더니 자신의 기구한 인생에 복받쳐 쓰라린 눈물을 흘렸다.

그녀는 바로 20년 전에 헤어진 상꾸리앙의 어머니, 숨비였다. 첫 번째 사랑은 개였고, 정말 진실하다고 믿었던 두 번째 사랑의 상대는 아들이라니. 숨비는 자신에게 이런 운명을 던져 준 신을 원망할 수밖에 없었다.

아들과는 절대 결혼할 수 없고, 또 아들에게 상처를 주고 싶지도 않았던 숨비는 상꾸리앙이 자연스럽게 자신과의 결혼을 포기하게 할 방법을 생각해 냈다.

그날 밤 숨비는 상꾸리앙을 찾아가 자신과 결혼하려면 내일 해가 뜰 때까지 큰 호수와 배를 만들어야 하고 만약 만들지 못하면 자신은 결혼할 수 없다고 이야기했다. 보통 사람이라면 절대 할 수 없는 일이었지만 상꾸리앙은 이미 사랑에 눈이 멀어 악령에게 자신의 영혼을 팔기로 약속하고 악령의 도움을 받기로 했다.

이 사실을 안 숨비는 어떻게 해서든 결혼을 막기 위해 하늘을 향해 간절한 기도를 올렸고, 숨비를 가엽게 여긴 천사가 숨비에게 좋은 방법을 일러 주었다. 그것은 악령이 호수와 배를 만들고 있을 때, 절구통에 절구질을 하면 잠자고 있던 닭들이 새벽인 줄 알고 여기저기서 울 것이기 때문에 그 소식을 들은 악령도 아침이 온 줄 알고 물러갈 것이라는 이야기였다.

천사가 일러 준 것을 듣고 숨비가 절구질을 하자 여기저기서 수탉들이 울어대기 시작했다. 그 소리를 들은 악령은 아침이 온 줄 알고 물러갔고, 숨비와의 약속을 지키지 못해 결혼을 할 수 없게 된 상꾸리앙은 화가 나서 완성되지 않은 배를 발로 차버리고 떠나가 버렸다.

멀어지는 아들의 뒷모습을 보며 숨비는 간절한 마음으로 아들의 행복을 빌며 깊은 산속으로 들어가 다시는 나오지 않았다.

지금의 인도네시아 서부 자바에 있는 반둥 지역에는 땅구반 프라후(Tangkuban parahu)라는 곳에는 배가 뒤집힌 모양의 산이 있다. 사람들은 이 산이 바로 화가 난 상꾸리앙이 걷어찬 배가 뒤집혀 산이 되어 남아 있는 것이라고 믿고 있다.

시티 누르바야

인도네시아

시티는 얼굴도 예쁘고 성격도 좋아 마을 사람들의 사랑을 한몸에 받았다. 특히 남자들에게 인기가 많았지만 아직 하고 싶은 일도 많고 자유롭고 싶어 많은 남자들의 구애를 뿌리쳤다.

시티 누르바야가 살고 있는 마을의 이장은 힘세고 엄격한 사람이었다. 이름은 다툭 마링기흐로, 당시 1920년대는 인도네시아가 네덜란드의 식민지로 있었는데 다툭 마링기흐는 네덜란드를 싫어해 네덜란드에 세금을 안 내고 계속 반대했다. 그래서 마을 사람들이 다툭을 많이 따랐다.

또한 네덜란드가 식민지 주민을 많이 괴롭혔기 때문에 사람들은 이장이나 시장 등 지위가 높은 사람에게 도움을 청하려고 많이들 찾아갔다. 시티의 아버지도 다툭 마링기흐에게 도움을 많이 받았다.

시티는 동네 사람들 사이에서 인기가 많았다. 특히 남자들은 시티를 보면 넋이 나갈 정도로 매우 좋아했다. 뿐만 아니라 여자들도 시티를 아주 예뻐했다. 한마디로 시티는 어디를 가든지 빛나는 여자였다.

그 시대에는 남자를 사귀면 꼭 결혼해야 하는 것이 일반적인 풍습이었다. 시티는 자신이 아직 어리다고 생각하고 또 많이 배우고 싶어 했다. 따라서 많은 사내들이 시티에게 마음을 고백했지만 다들 퇴짜를 맞고 실망하기만 했다.

시티는 더욱 멋진 여성이 되기 위해 여동생과 함께 여성 전문 학원에 다녔다. 그녀가 여성 학원에 가던 중 어느 날 길에서 한 남자를 만나게 되었다 우연한 만남이었지만 한눈에 서로에게 끌려 그 후로 날마다 만나고 이야기도 했다. 그 남자의 이름은 샴술 바흐리였고 시티와 마찬가지로 가난한 가정에서 자란 대학생이었다.

날이 갈수록 시티와 샴술은 서로를 좋아하게 되었다. 따로 사랑한다는 말이 필요없을 만큼 서로를 느끼며 뜨거운 연모를 했다.

그즈음 인도네시아와 네덜란드의 사이가 극도로 나빠져 갑자기 미낭카바우에 있는 인도네시아 시민들이 파당(Padang, 미낭카우인의 도시)을 파괴했다. 큰 전쟁으로 번졌기 때문에 많은 시민들이 목숨을 잃었다.

네덜란드에서 시티가 사는 시골에 파당을 파괴한 사람을 잡으러 왔다. 무서워하는 주민들과 함께 시티의 가족도 마을의 이장한테 도움을 청하러 갔다.

그런데 이때 다툭 마링기흐는 시티 누르바야를 보고 이것을 그녀와 결혼할 기회로 삼았다. 다툭도 다른 남자들과 마찬가지로 오래

전부터 시티를 좋아했는데 나이 차이가 많이 나서 결혼할 엄두도 못 냈던 것이다.

시티의 가족이 찾아왔을 때 다툭 마링기흐가 하나의 조건을 걸었다. 자신이 네덜란드 군의 위험에서 가족을 구해 주는 대신 시티와 결혼할 수 있게 해달라고 한 것이다. 시티의 부모는 가족을 살릴 수밖에 없는 상황이어서 어쩔 수 없이 그 조건에 동의했다.

하지만 시티는 그런 사실을 전혀 몰랐다가 나중에야 알고는 너무도 속상했다. 다툭은 자기가 사랑하는 남자가 아니었고, 그의 나이를 보면 시티의 삼촌뻘 되는 사람이었다.

한편 샤술도 이러한 사실을 알고 나서 시티의 부모님을 만나러 갔다. 그는 시티와의 관계를 설명하고 그녀와 결혼하고 싶은 마음을 전했다. 그러나 시티의 부모는 다툭과의 약속을 어길 경우 어떤 봉변을 당할지 모른다는 생각에 샤술의 청혼을 거절할 수밖에 없었다.

샤술 바흐리가 이번에는 다툭의 집에 가서 "시티와 나는 서로 사랑하는 사이니 당신이 물러나시오."라고 말했다. 하지만 다툭 역시 시티의 부모님과 같은 반응을 보였다. 두 남자는 서로 팽팽하게 고집을 부리다가 결국 몸싸움을 했다.

힘이 장사인 다툭과의 싸움에서 이기지 못한 샤술은 마음이 많이 상했다. 그는 자기가 시티를 사랑하고 있음에도 불구하고 함께할 수 없음을 슬퍼하며 바타비아(현재 자카르타)로 떠나버렸다.

사랑을 잃어버린 시티는 가슴이 아팠지만 가족을 위해 어쩔 수 없이 다툭과 결혼하게 되었다. 하지만 부부 생활은 별로 순탄하지 않았다. 다툭은 시티랑 결혼하기 전에 이미 다른 몇 명의 부인을 두고 있었고, 마음은 두고 몸만 시집 온 시티는 날마다 샵술이 다시 돌아오기만을 간절히 바랐다.

그녀는 밥도 잘 안 먹고 밖으로도 나가지 않았다. 다툭 마링기흐는 시티의 그러한 모습에 적잖이 언짢았다. 자신이 시티한테 그리도 정성스럽게 대했건만, 시티의 마음에는 샵술밖에 없었기 때문이다.

그러던 어느 날 샵술이 다시 나타났다. 샵술과의 만남은 그 자체로 시티에게 큰 힘이 되었다. 하지만 다툭은 샵술의 출현을 결코 달가워하지 않았다. 그는 사람을 시켜 샵술을 없애 버렸고 시티는 다시는 샵술을 볼 수가 없었다.

그 후 몇 년이 흘러가도 시티는 정신을 잃은 사람처럼 살고 있었다. 더 이상 참을 수 없었던 다툭은 시티마저 없애 버리려 했다. 어느 날 저녁, 시티가 여동생과 베란다에서 차를 마시면서 얘기하고 있을 때 멀리서 레망(Lemang, 미낭카바우의 전통 과자)을 파는 장수의 목소리가 들렸다. 차를 마시고 있던 두 여자가 레망 장수를 불렀다.

시티는 아주 큰 레망을 사서 천천히 차와 함께 먹었다. 그런데 레망을 먹은 후 얼마 지나지 않아서 시티는 정신을 잃고 말았다. 큰 레망 안에는 독이 들어 있었다. 레망 장수가 다툭의 사주를 받아서 독이 든 레망을 시티에게 팔았던 것이다.

서로 사랑함에도 불구하고 이 세상에서는 결코 함께할 수 없었던 시티와 샵술은 결국 이승을 떠나 저승에서야 만날 운명이었던 것이다.

라마와 신따

인도

옛날 옛날에 라마라는 이름을 지닌 왕자가 살았다. 라마는 어머니를 일찍 여의었지만 사랑스러운 아내 신따를 만나 행복한 나날을 보내고 있었다.

라마의 아버지인 다사라따 왕은 라마의 어머니가 죽은 후 끄까이를 새 부인으로 삼았고, 그 부인과 바라따라는 아들을 낳았다.

끄까이는 자신의 아들인 바라따가 왕이 될 수 있게 하기 위해 끊임없이 라마가 왕이 되려고 부왕을 죽이려 한다는 모함을 일삼았다. 결국 끄까이의 말을 믿게 된 왕은 라마와 신따를 숲으로 쫓아냈다.

라마는 아버지에게 버림받았다는 사실에 슬퍼했지만 그것도 잠시 자신의 곁에는 사랑스러운 아내 신따가 있다는 사실에 위안을 삼으며 숲 속에 자신들만의 왕국을 건설해 즐겁게 살아갔다.

라마와 신따가 숲 속에서 많은 동물, 은둔자들과 친구로 지내며 즐겁게 지내던 어느 날, 신따는 아름다운 노루 한 마리를 보고 남편인 라마에게 그 노루를 잡아달라고 부탁했다.

그러나 그 아름다운 노루는 사실 아름다운 신따를 노리던 라와나의 부하인 마리짜가 변신한 것으로 라마와 신따를 떨어뜨리기 위해 리와나가 꾀를 낸 것이었다.

라마가 노루를 쫓느라 정신없는 틈을 타 리와나는 아름다운 신따를 납치해 갔다. 이때 라마의 새, 자따유가 납치당하는 신따를 보게 되었다. 자따유는 라와나와 싸워 신따를 구하려고 했으나 라와나는 너무 강했다. 라와나와 싸우다 다친 자따유는 다친 몸을 이끌고 라마를 찾아가 신따가 납치당했다는 사실을 알려 주었다.

라마는 잔꾀에 쉽게 속아 넘어간 자신의 어리석음을 한탄하며 사랑하는 아내를 납치해 간 라와나가 살고 있는 알릉까로 출발하였다.

알릉까로 향하던 라마는 예전에 자신이 생명을 구해 주었던 원숭이의 왕 하노만을 만나 도움을 요청했다. 라마는 하노만과 함께 알릉까로 향하는 길에서 수많은 어려움에 직면하지만 그때마다 여러 동물과 은둔자들의 도움으로 모든 난관을 극복하며 드디어 알릉까에 도착했다.

알릉까에 도착한 라마는 라와나의 성 안에 있는 아내를 구하기 위해 온갖 노력을 다 기울이지만 라와나의 저항이 너무 강력해 아내를 구하려는 계획은 번번이 실패하고 말았다.

이때 원숭이 왕 하노만이 드디어 은혜를 갚을 순간이 왔다며 성 안으로 들어가 신따를 구하려고 했다. 하지만 오히려 라와나의 부하들에게 잡혀 불 타 죽게 될 위기에 처하게 됐다.

불에 타기 직전에 있는 힘을 다해 탈출에 성공한 하노만은 탈출 과정에서 자신의 꼬리에 붙은 불로 라와나의 성이 불타게 하여 라마에게 큰 도움을 주었다. 치열하고 오랜 싸움 끝에 라마는 드디어 신따를 구해 숲으로 돌아왔다.

다시 자신들만의 왕국으로 돌아온 라마와 신따는 이전보다 더 서로를 사랑하며 행복한 삶을 살았다.

그러나 행복하 순간도 잠시, 신들이 서로를 너무나 사랑하는 라마와 신따를 시기했는지 신따의 임신을 계기로 두 사람의 관계가 멀어지기 시작했다.

라마는 그 아이의 진짜 아비가 누구냐며 신따를 의심하기 시작했고, 아무런 잘못도 없는 신따는 그런 남편이 너무 야속하기만 했다. 신따가 아무리 사실을 이야기해도 라마는 자신의 아버지가 그랬던 것처럼 신따를 의심했고, 결국 신따를 숲에서 쫓아내 버렸다.

결백했음에도 불구하고 사랑하는 라마에게 버림을 받은 신따는 혼자서 외로이 쌍둥이 형제인 꾸사와 라와를 낳았고 어느 누구에게도 부끄럽지 않도록 두 아들을 건강하고 씩씩하게 키웠다.

오랜 시간이 흘러 몸이 약해져 죽음이 가까웠음을 느낀 신따는 두 아들을 불러 라마왕이 아버지라는 사실을 알려 주고 아버지를 찾아가라는 유언을 남겼다.

어머니를 양지 바른 곳에 묻은 꾸사와 라와는 라마를 찾아갔다.

라마는 두 아이를 보자마자 그 아이들의 자신의 아들임을 알게 되었다. 자신의 어리석음으로 외로이 혼자 두 아들을 키웠을 신따를 생각하니 라마는 가슴이 찢어지는 것만 같았다.

"신따는 얼마나 힘들었을까. 신따는 얼마나 외로웠을까?"

자신의 오해로 핏줄을 제대로 키우지 못한 행동을 반성하며 라마는 꾸사와 라와를 왕자로 책봉하여 자신의 왕국에서 함께 오래오래 행복하게 살았다.

가엾은 리자

러시아

리자는 아버지의 죽음 이후 늘 의기소침해 있는 어머니의 모습을 보고 자기가 어머니를 도와야겠다는 생각에 꽃을 꺾어 장에 내다 팔았다. 그리고 아무리 지치고 피곤해도 어머니 앞에서는 약한 모습을 보이지 않으려고 애를 썼다. 그래야만 의지할 사람이라고는 리자밖에 없는 어머니에게 큰 힘이 될 수 있을 거라고 생각했기 때문이다.

어느 날, 보통 때와 다름없이 꽃을 팔고 있던 리자는 자신의 마음을 확 사로잡는 한 청년을 만나게 되었다. 그는 에라스트라는 이름을 가진, 귀족 집안의 아들이었다.

에라스트도 그날 우연히 그 길을 지나가다 리자를 보고 첫눈에 반하고 말았다. 그런데 사실 에라스트는 착하고 분별력이 있기는 하지만 자신감이 부족하고 경솔한 사람이었다. 그래서 그는 산만한 생활과 더불어 자기 자신의 삶에 불만을 가지고 있었다.

그런 그에게 리자와의 만남은 신선한 감동으로 다가왔다. 그러나 에라스트가 귀족이라는 것이 리자로 하여금 그에게 쉽게 접근할 수 없는 강한 거리감을 느끼게 했다.

반면에 에라스트는 리자가 마음에 쏙 들었기 때문에 거리낌 없이 그녀에게 다가갔고, 마침내 리자의 어머니까지 만나게 되었다.

리자의 어머니 또한 잘 생긴 에라스트가 마음에 들었지만 리자의 신랑감으로는 생각하지 않았다. 왜냐하면 리자와 에라스트 둘 사이에는 사랑만으로는 극복할 수 없는 엄청난 신분의 벽이 놓여 있었기 때문이다.

불을 보듯 뻔한 일이라는 것을 알고 있지만 그럴수록 더 애틋해지는 것이 사람의 마음일까. 시간이 지남에 따라 리자와 에라스트의 사랑은 신분의 차이와 여러 가지 악조건에도 불구하고 점점 깊어져만 갔다.

그러나 이러한 마음을 리자는 그녀의 어머니에게 알릴 수가 없었다. 딸에 대한 걱정으로 어쩔 줄 몰라 하는 어머니에게 더 큰 근심을 안겨 드릴 수가 없었던 것이다.

에라스트 역시 자신의 부모님이 리자와의 관계를 알아봤자 좋을 일이 없기 때문에 부모님의 눈을 피해 두 사람의 사랑을 조심스럽게 키워 나갔다.

그러던 어느 날 러시아에 전쟁이 터지게 되었다. 에라스트는 사랑하는 리자를 위해 모스크바에 남고 싶었지만 주위의 시선과 귀족으로서의 체면 때문에 전쟁에 참여할 수밖에 없었다.

그는 리자에게 "사랑하는 리자, 내 꼭 살아 돌아오겠소."라고 말했다. 리자도 "저도 당신만을 기다리면서 살겠어요. 부디 살아서 돌아와 주세요."라고 약속하며 슬픔을 뒤로 한 채 에라스트를 전쟁터로 떠나보냈다.

에라스트가 전쟁터로 떠난 후 불행히도 리자의 삶은 예전 같지 않았다. 너무나도 힘이 없었고, 우울한 나날의 연속이었다. 그렇게 하루하루 지내다 보니 두 달이라는 시간이 지나갔다. 얼마 안 되는 시간이었지만 리자는 에라스트가 보고 싶어서 미칠 것만 같았다. 아픈 곳은 없는지, 다치지나 않았는지, 걱정이 되어서 며칠 밤을 꼬박 새우기 일쑤였다.

에라스트가 전쟁터로 떠난 지 1년 가까이 되었을 때 쯤, 리자는 어머니의 눈에 문제가 생겨서 약을 사러 모스크바 시내에 갈 일이 있었다. 길을 걷고 있는 리자의 앞에 웬 멋진 마차 한 대가 지나가더니 조금 떨어진 곳에 멈춰섰다.

무심코 그쪽을 바라보게 된 리자는 깜짝 놀랐다. 그 마차에서 그토록 보고 싶었던 에라스트가 내리는 것이 아닌가.

리자는 에라스트를 보자마자 너무 기쁜 나머지 한걸음에 달려가 그를 와락 껴안았다.

"왜 돌아왔으면서 저한테 아무런 기별도 안 했어요? 얼마나 걱정했는데……."

엉겹결에 포옹을 하게 된 에라스트는 리자인 것을 알게 되자 황급히 그녀를 데리고 사람들이 없는 한적한 골목으로 뛰어 들어갔다. 골목으로 몸을 숨긴 에스트라는 리자에게 충격적인 말을 하였다.

"리자, 정말 미안하오. 나는 다른 여자와 곧 결혼해야 하오. 이유는 묻지 마시오. 그동안 고마웠소."라고 말한 뒤에 돈 100루블을 리자의 손에 쥐어 주고 떠나버렸다.

리자는 에라스트가 떠난 뒤에도 한참 동안 그 자리에 멍하니 서 있었다. 무슨 일이 있었는지 알 수가 없을 정도로 순식간에 벌어진 일이었기 때문이었다.

집으로 돌아오는 길에 리자는 동네 사람들을 통해 왜 에스트라가 그리도 사랑했던 자기를 버리게 됐는지 알 수 있었다. 에라스트는 전쟁터에 나가서 적과 싸우다가 가끔씩 휴식을 취할 때 다른 군인들과 카드놀이를 하게 되었는데 그만 거기에 빠져 엄청난 빚을 지고 만 것이다.

전쟁이 끝나고 빚 때문에 고민하던 에라스트는 그 빚을 청산하기 위한 수단으로 리자를 만나기 전부터 자신에게 반해 있던 한 나이 많은 과부에게 장가를 들게 된 것이다.

모든 사실을 알아버린 리자는 엄청난 충격과 상실감으로 견딜 수 없었다. 자신과의 약속을 그렇게 허무하게 만든 에라스트가 원망스럽고 야속했다. 그리고 떠난 그를 아직도 사랑하고 있는 자신이 너무 안타깝고 슬펐다.

리자는 옆집에 사는 소녀인 아뉴다를 집 앞으로 조용히 불러냈다. 그리고는 에라스트에게서 받은 100루블을 자신의 어머니에게 전해달라고 하며 눈물을 흘렸다. 무슨 이유인지 알지 못하는 아뉴다는 그냥 고개를 끄덕이며 돈을 받았다.

그 길로 리자는 근처 강가 절벽으로 가서 뛰어내리고 말았다. 혹시나 해서 리자의 뒤를 따라갔던 아뉴다는 너무 놀라 리자를 불러보았지만 리자의 모습은 보이지 않았다. 아뉴다의 울음소리와 비명에 놀란 동네 사람들이 물속으로 들어가 리자를 물에서 건져내었다.

그러나 리자는 이미 숨이 멈춘 뒤였다. 리자가 죽었다는 소식을 들은 리자의 어머니도 혈관이 막혀 그 자리에서 쓰러져 죽고 말았다. 에라스트는 자신이 리자를 죽였다는 죄책감에 빠져 평생을 불행하게 살다가 쓸쓸히 생을 마감하였다.

민난다와 신뛔눈

미얀마

아주 옛날에 다곤이라는 나라가 있었다. 다곤은 강가에 자리를 잡고 있는 작은 나라였다. 이 나라는 옥글라빠 왕이 다스리고 있었고 그 왕에게는 민난다라는 왕자 한 명이 있었다.

강 건너편에는 딴리인이라는 나라가 있었는데, 딴리인이라는 왕이 지배를 하고 있었다. 원래 딴리인 왕국은 딴리인 왕이 지배하기 전, 뚜와나데위 여왕이 다스리고 있었다. 그런데 뚜와나데위 여왕의 남편이 죽은 후 세력이 많이 약해져서 다른 왕의 침략을 여러 번 당하게 되었다.

그렇게 고생이 많았던 여왕은 자신의 처량하고 비참한 신세를 한탄하다가 얼마 후 죽어 버렸다. 당시 여왕은 임신 중이었지만 아무도 그 사실을 눈치 채지 못했었다.

부하들이 여왕의 시체를 묘지에 가져가서 화장을 하려고 할 때 누구도 생각지 못했던 일이 일어났다. 막 화장을 하려고 하는데 갑자기 여왕의 배가 터지더니 뱃속에서 살아 있는 아기가 나오는 것이 아닌가.

깜짝 놀란 신하들이 당장 그 사실을 새로 왕위에 오른 딴리인 왕에게 알렸다.

그 시대에는 미신이 너무 심해서 묘지에서 태어난 아이를 왕궁에 데리고 오면 좋지 않은 일이 생긴다고 믿고 있었다. 딴리인 왕은 여왕의 아기를 데려올 경우 자신에게도 나쁜 일이 생길지도 모른다고 생각하여 묘지 근처에다 집을 지어서 묘지에서만 생활할 수 있도록 명령을 내렸다. 그 아기는 나중에 신뭬눈 공주로 불리게 되었다.

신뭬눈 공주는 태어났을 때부터 묘지에서만 살게 되었고, 딴리인 왕의 왕궁에는 한 번도 가 본 적이 없었다. 왕궁에 있는 사람들도 한 달에 한 번씩 먹을 것만 가져다주고 바로 왕궁으로 돌아가 버렸다. 이렇게 혼자 자란 신뭬눈 공주는 항상 외롭고 기운이 없어 보이기는 했지만 매우 아름답고 총명한 아가씨로 성장했다.

딴리인이 왕이 되기 전, 딴리인 왕국을 침략할 때 뚜와나데위 여왕의 군대와 싸움을 했다. 그 싸움에서 딴리인 왕이 이기면서 뚜와나데위의 군대에 있던 군인들 중 일부는 숲 속으로 피신을 했다가 강도가 되었다.

그들은 숲 속을 돌아다니면서 강도질을 했는데, 때때로 딴리인 왕의 군인들과 싸우기도 하고, 강 건너 다곤의 옥글라빠 왕이 군인들과 싸우기도 했다.

그러던 어느 날, 이들이 옥글라빠 왕의 군인들과 싸울 때 강도 중의 한 명이 죽으면서 그 강도의 아들이 군인들에게 잡혀가게 되었다.

잡혀 간 그 아들의 이름은 응아모였다. 다곤으로 잡혀가는 응아모를 옥글라빠 왕의 명령으로 군인들이 죽이려고 하자 그 때까지 가만히 있던 응아모는 너무 무서워서 아이처럼 울었다.

울고 있는 응아모가 불쌍하기는 했지만, 왕의 명령이므로 군인들은 어쩔 수 없었다. 군인들이 막 응아모를 죽이기 직전에 옥글라빠 왕의 아들인 민난다 왕자가 뛰어와서 군인들을 말렸다.

군인들은 왕자도 중요하지만 왕의 명령을 거역한다는 것은 있을 수 없는 일이라고 생각해서 그만둘 수 없다고 말했다. 그러자 왕자는 오늘은 자신이 스무 살이 되는 생일날인데 아버지가 원하는 것을 말하면 뭐든지 다 들어 준다고 했으니까 응아모를 풀어 달라고 했다.

민난다 왕자는 응아모를 잘 아는 것도 아닌데 왜 그런 부탁을 했을까. 아마도 자신과 나이가 똑같고, 아버지가 강도라고 해서 아들까지 강도처럼 대하는 것은 나쁜 일이라고 생각했기 때문일 것이다.

왕자의 간청 덕분에 응아모는 간신히 목숨을 건지게 되었다. 응아모는 자신을 살려 준 왕자에게 매우 고마워하면서 왕자가 자기의 목숨을 구해 주었으니 자기도 목숨을 걸고 은혜를 갚겠다고 말했다. 그러자 왕자는 응아모에게 자신의 경호원이 되어 달라고 부탁했다.

응아모는 경호원이 되기 위해 왕의 군대에 가서 일년 내내 훈련을 받았다. 훈련을 열심히 한 덕분에 응아모는 아주 튼튼하고 강한 사람이 되었다. 왕자는 일년 만에 다시 만난 응아모를 보고 깜짝 놀라며 악어와 비교하기도 했다.

왕자와 응아모가 서로 좋은 관계로 지내고 있던 어느 날, 왕자는 우연히 신뛔눈 공주를 만나게 되었다. 두 사람은 만나자마자 첫눈에 사랑에 빠졌다. 적대 관계인 두 나라의 왕자와 공주였지만 그들에게는 사랑 외에 아무것도 중요하지 않았다.

하지만 드러내 놓고 사귈 수 없었기에 민난다 왕자가 신뛔눈 공주를 보러 가고 싶을 때면 아버지와 왕궁 사람들이 아무도 모르게 경호원인 응아모와 움직였다. 강을 건너서 가야 하므로 제일 빠르고 좋은 배를 골라서 사람들의 눈에 띄지 않는 한적한 곳을 주로 이용했다.

민난다 왕자와 신뛔눈 공주는 누군가에게 들킬까 봐 조바심을 내면서도 자주 만났는데, 만날 때마다 같이 노래를 부르거나 조용히 별을 보기도 하고 시를 읊기도 하면서 즐거운 시간을 보냈다.

하지만 신이 두 사람을 시기해서일까. 왕자와 공주의 행복한 시간은 그리 오래 가지 못했다.

어느 날 민난다 왕자는 신뛔눈 공주와 헤어지고 싶지 않은 밤을 보낸 뒤 배를 타고 집으로 돌아오는 길에 선상 강도들을 만나 습격을 당했다.

경호원인 응아모가 필사적으로 보호했지만 왕자는 크게 다치고 말았다. 치료를 받기 위해 열심히 배를 저었는데도 불구하고 이미 왕자는 피를 많이 흘렸기 때문에 응아모가 지켜보는 가운데 안타깝게도 숨을 거두었다. 한편 왕자가 죽었다는 소식을 듣자마자 신뛔눈 공주도 큰 충격을 받아 갑자기 심장이 멎으면서 왕자를 따라 죽었다.

다곤 나라에서 모두들 슬퍼하며 민난다 왕자의 시체를 화장하고 있을 때, 강 건너 편 딴리인 나라에서도 신뛔눈 공주의 시체를 화장하고 있었다.

그 때 놀라운 일이 일어났다. 민난다 왕자의 시체를 화장해서 나오는 연기와 신뭬눈 공주의 시체를 화장해서 나오는 연기가 하늘로 떠오르면서 갑자기 합쳐진 것이다.

두 나라의 사람들은 민난다 왕자와 신뭬눈 공주의 연기가 합쳐지는 것을 보며 서로 너무 사랑했지만 현실에서는 함께할 수 없는 인생이었기에 다음 생에서 영원히 둘이서 행복하게 같이 살자는 것을 의미한다고 생각했다.

남편을 기다리는 돌상

베트남

베트남 북쪽 어느 작은 마을에 도반이라는 열 살짜리 남자아이와 도티라는 여덟 살 난 여자아이가 홀어미와 함께 살았다. 오누이는 우애가 깊기로 동네에서 소문이 자자했다. 젊은 나이에 남편을 잃고 오누이를 키우는 어머니는 매일 갯벌에 나가 일을 했고 오누이는 집에서 일 나간 어머니를 기다리며 시간을 보냈다.

그러던 어느 날, 도반이 장난삼아 무심코 던진 돌이 도티의 머리에 떨어졌다. 정신을 잃고 쓰러진 도티의 이마에서 검붉은 피가 흐르기 시작했다. 피를 보자 덜컥 겁이 난 도반은 그 길로 멀리 도망을 쳤다.

다행히 이웃집 할머니에게 발견 된 도티는 큰 위기를 넘기고 정신을 차렸다. 도티가 다쳤다는 소식을 듣고 달려온 엄마는 겁을 먹은 도반이 없어진 것을 알고 도반을 찾아 나섰다. 밤낮으로 아들을 찾아 나섰던 엄마는 아들을 찾기는커녕 큰 병을 얻어 집으로 돌아왔다. 그리고 얼마 지나지 않아 도티만 남겨둔 채 갑자기 세상을 뜨고 말았다.

졸지에 고아 신세가 된 도티는 이웃에 사는 부부의 양녀로 들어가게 되었다. 부부는 도티를 데리고 랑선이라는 성으로 이사를 갔다.

십 년이라는 세월이 흐르고 도티는 어느덧 고운 처녀가 되었다. 착한 심성에 부지런하기까지한 도티는 양부모에게는 물론 이웃 사람들에게도 많은 사랑을 받았다. 도티에게는 맛있게 음식을 만드는 재주가 있었는데 특히 넴(Nem, 월남식 만두)을 만드는 솜씨가 보통이 아니었다. 도티는 그동안 모은 돈으로 식당을 열고 싶다고 양부모님께 이야기 했다. 양부모님도 흔쾌히 도티의 청을 들어주었다. 도티는 양부모의 도움으로 키루아 시장에 작은 넴 가게를 열었다. 도티의 손맛은 금방 사람들의 입소문을 탔고 금세 많은 손님들이 몰려들었다. 식당 일에 몰두하며 결혼은 생각조차 하지 않는 도티를 보면서 양부모는 어서 좋은 배필이 나타나기를 손꼽아 기다렸다.

그러던 어느 날, 이십대 초반의 훤칠하고 잘생긴 청년이 약초를 팔기 위해 랑선에 왔다. 한 달에 한 번 랑선에 와 약초를 팔던 청년은 약방에서 소문을 듣고 도티의 가게에 넴을 먹으러 들렀다. 기가 막힌 넴 맛에 매료된 청년은 랑선에 올 때마다 잊지 않고 도티의 가게를 찾았다.

"아! 또 오셨네요."

"예. 잘 지내셨어요? 맛있는 넴 생각에 일을 할 수 있어야지요."

간단한 눈인사만 했던 두 사람은 자연스레 안부를 묻고 반기는 사이로 발전되었다.

"도티씨의 넴 맛이 생각나서 랑선에 오기만을 얼마나 학수고대 했는지 몰라요."

그리고는 이내 서로를 그리워하는 사랑의 대화가 오고가기 시작했다.

"보고 싶었어요. 아, 이제는 매일매일 도티 씨의 냄을 먹지 않고서는 도저히 견딜 수가 없어요."

그렇게 둘의 사랑은 깊어져 부부의 연까지 맺게 되었다. 결혼한 지 일 년, 부부에게 예쁜 아기도 생겼다. 세상 부러울 것이 없을 정도로 부부는 행복했다.

어느 날, 도티가 머리를 감고 있을 때 볼 일을 보러 나갔던 남편이 돌아왔다. 남편은 평소 보지 못했던 아내의 흉터를 보고 놀라 물었다.

"당신 머리에 이렇게 큰 흉터가 있는지 몰랐어."

"그래요? 보기 흉하죠?"

"흉하긴, 잘 안 보이는데 뭘. 그런데 어쩌다 흉터가 생긴 거야?"

도티는 그동안 잊고 있었던 어린 시절의 일을 떠올렸다.

"사실 지금 부모님은 저의 친부모님이 아니세요. 친아버지는 제가 아주 어릴 때 돌아가셔서 기억이 나지 않아요. 어머니와 친오빠가 있었는데 어느 날 친오빠가 던진 돌에 머리를 맞고 제가 정신을 잃고 쓰러졌어요. 제 머리에서 나는 피를 보고 놀란 오빠는 집을 나가버렸고 영영 볼 수 없게 되었죠. 오빠를 찾으러 나간 어머니 역시 큰 병을 얻어 돌아가셨어요. 죽는 순간까지 오빠의 이름을 부르며 그리워하셨죠. 고아가 된 저를 지금의 양부모님께서 키워 주셨어요."

잠자코 도티의 이야기를 듣고 있던 남편의 얼굴빛이 창백해지기 시작했다.

"혹시 그 오빠의 이름을 기억하오?"

"그럼요. 엄마가 죽기 전까지 부르던 이름인걸요. 도반이라고……."

도반이라는 이름을 들은 남편은 금방이라도 온몸이 하얗게 타들어가 한 줌 재가 될 것 같은 공포에 휩싸였다.

'세상에 이럴 수가! 내가 친동생과 결혼을 했다니! 이게 무슨 비극이란 말인가!'

남편은 바로 도티의 머리에 실수로 돌을 맞히고 집을 나간 도반이었다. 겁에 질려 도망을 친 도반은 죄책감에 집으로 돌아갈 수 없어 여기저기 떠돌이 생활을 했다. 그러던 중 까오방 성 쭝캥이라는 곳에 약초 장사 양아들로 살게 되었다. 이후 도반은 양아버지의 성을 쓰고 살았으며 약초를 팔러 랑선을 오가던 중 도티를 만나 사랑에 빠진 것이었다.

머리를 말리고 있는 터라 도티는 남편의 창백한 낯빛을 볼 수 없었다. 아무 것도 모르고 자신을 믿고 행복해 하는 아내의 얼굴, 아니 동생의 얼굴을 보면서 도반은 차마 사실대로 이야기를 할 수 없었다. 북받쳐 오르는 슬픔을 억누르며 혼자 고민하던 도반은 군인을 모집한다는 광고를 보고 자원입대하기로 결심했다. 이 방법만이 아내를 위해, 아니 동생을 위해 자신이 할 수 있는 최선의 방법이라고 생각했기 때문이다. 군대에 입대하기 전 날, 도반은 도티를 불러 놓고 고백했다.

“나 군에 입대하기로 했소. 내일 아침 일찍 떠나야 하오. 아마 사오 년 뒤에나 돌아올 수 있을 것이오. 그때까지 몸 건강히 잘 지내고 아기도 잘 키워 주오. 당신은 나 없이도 훌륭히 잘 해낼 것이라 믿소.”

느닷없는 남편의 말의 도티는 큰 충격을 받고 하염없이 눈물을 흘렸다. 밤새도록 남편을 붙잡고 설득해 보았지만 소용없는 일이었다.

“꼭 돌아오시는 거죠? 당신이 무사히 돌아올 때까지 매일 산에 올라가 기다리겠어요. 꼭 돌아오셔야 해요. 아기와 함께 당신이 무사히 돌아오도록 기도하겠어요.”

다음날 아침, 도티의 애 끊는 절규를 뒤로하고 도반은 눈물을 삼키며 길을 나섰다. 하늘을 원망하기에도 이미 늦은 때였다.

남편이 떠난 후 도티는 일도 내팽겨 둔 채 날마다 아기를 업고 근처 산으로 올라갔다. 비가 오나 눈이 오나 한결같이 산에 올라 남편이 오기만을 기다린 것이 벌써 오 년, 그러나 남편은 끝내 돌아오지 않았다. 그러던 그 해 겨울, 비바람이 유난히 불던 어느 날, 도티는 아이와 함께 산꼭대기에서 몸이 굳어 돌상이 되었다. 마을 사람들은 아기를 꼭 끌어안은 채 망부석이 되어 버린 도티의 넋을 위로하기 위해 그곳에서 장례를 치러 주었다.

그때 그 모습을 멀리서 물끄러미 바라보는 한 남자가 있었으니, 그 남자가 도반인지 아닌지는 아무도 아는 이가 없었다고 한다.

장수와 미인

중국

초패왕 항우와 우희(일명 우미인)의 사랑과 죽음은 '패왕별희'라는 경극과 '사면초가'라는 한자성어에서 확인되듯, 익숙하면서도 비극적인 이야기를 담고 있다. 항우가 우희를 만나게 된 이야기의 배경에는 재미있는 일화가 있다. 항우가 자신의 군대를 이끌고 깊은 산속을 지날 때였다. 난데없이 산적들이 나타나 앞을 가로막아 섰다. 그들의 행색은 매우 초라했지만 눈빛만은 살아 있었다. 그들의 눈빛을 본 항우는 그들을 자신의 부하로 거느리고 싶었다. 산적 두목은 천하장사 항우에 얽힌 항간의 소문을 들었지만 직접 눈으로 그의 힘을 확인하지 않고서는 믿을 수 없었다. 산적 두목은 항우에게 제안을 하였다.

"내가 듣기로 항우는 천하장사라고 하던데, 우리 산채에 가면 100명분의 밥을 단번에 지어낼 수 있을 만큼 굉장히 무거운 큰 솥이 있소이다. 만약 그 솥을 당신 혼자서 들어 올린다면 우리들은 당신의 부하가 되어 충성을 맹세하겠소. 하지만 그렇지 못한다면 이곳이 당신의 무덤

이 될 것이오."

항우는 말없이 미소를 지으며 그러마하고 대답했고 부하들과 함께 산적들의 산채로 향했다. 산채에 당도한 항우는 두목이 얘기한 솥 앞으로 다가가 열 사람이 함께 들려고 해도 힘겨운 솥을 번쩍 들어올렸다. 그것도 모자라 산적 두목 앞으로 솥을 집어던지기까지 하였다. 이 모습을 지켜본 산적들은 너나 할 것 없이 모두가 공포에 떨면서 엎드려 부하가 되겠다고 맹세하였다. 산적 두목 역시 자신의 약속대로 무릎을 꿇고 항우의 부하가 되기로 맹세하였다.

그렇게 산적 무리들을 부하로 거느리게 된 항우 일행은 산을 내려오다 어느 평범한 마을을 지나게 되었다. 그곳에서 항우를 알아본 농민들은 항우에게 난폭한 말이 자신들의 농사를 망치고 있으니 부디 말을 잡아달라고 간곡히 청하였다. 힘으로 대적하는 것에는 무엇이든 자신 있던 항우는 말이 난동을 부린다는 곳에 달려가서 말에 올라타 힘겨루기를 해서 끝내 말을 굴복시켰다.

이 말이 나중에 『삼국지』의 준마인 적토마처럼 천하에 명성을 떨치게 된 오추마였다.

말의 난동을 제압하는 모습을 지켜보던 마을의 부호는 고마움의 표시로 항우를 자신의 집으로 초대하였다. 영웅을 알아본 부호는 자신의 딸을 항우에게 시집보내기 위해 일부러 항우를 초대한 것이었다.

부호의 딸 이름은 우희였다. 우희는 '말은 오추마, 미인은 우희'라는 말을 하게 될 정도로 절세미인이었다.

진시황제가 중국을 최초로 통일했던 진나라(BC 221~BC 207)가 13년여의 짧은 기간 동안 유지되다가 역사 속 뒤안길로 접어들면서 각지에서는 많은 영웅들이 출몰하였다. 특히 초패왕 항우와 한나라왕 유방은 홍구(鴻溝)를 경계로 천하를 양분한 채 4년간에 걸쳐 패권을 다투었다. 두 영웅의 접전은 처음에는 항우의 쪽으로 기울었다. 연전연승을 거두던 항우는 천하가 다 자기 것이라는 듯 승리에 도취해 있었다. 그의 자만은 자기 스스로를 패왕(霸王)이라고 호칭할 정도였는데, 패왕이란 '왕 중의 왕'을 의미했다.

우희는 검무를 잘 추어 항우의 지극한 사랑을 받았다. 우희 역시 항우의 용맹함과 배려심에 깊은 신뢰와 사랑에 충성을 다했다. 두 사람은 서로를 너무나 소중하게 생각하여 아주 짧은 순간일지언정 헤어지는 것을 고통스레 여겼다. 그리하여 우희는 그 험하다는 전쟁터에까지 목숨을 내걸고 항우를 따라다녔다.

항우와 유방이 천하 제패를 다투던 전쟁의 끝마무리 즈음에 항우는 유방의 부하인 한신과 전쟁을 하게 되었다. 그때 해하라는 지역에서 한신이 항우군을 포위하게 되었지만, 항우군은 끝까지 처절한 대항을 멈추지 않았다. 이때 유방의 신하인 장량은 끝까지 투항하지 않는 초나라 군대의 사방에서 초나라의 슬픈 노래를 한나라 군사와 항복한 초나라 군사들로 하여금 부르게 했다. 이 노래는 고향에 대한 향수를 자극하여 초나라 병사들의 전의를 상실케 만들기 위함이었다. 이것이 바로 '사면초가(四面楚歌)'라는 사자성어의 유래였다. 항우 역시 사방에서 들려오는 초나라의 슬픈 노래를 듣고는 비탄에 빠지게 되었다.

"한나라 군대가 이미 초나라 땅을 얻은 것이냐? 어찌 초나라 노래가 이리도 애절하게 사방에서 들려온단 말이냐?"

초나라 패잔병의 노래가 끊일 듯 끊이지 않게 쓸쓸하게 들려오는 것을 듣고 수심에 찬 눈빛으로 주위를 살펴보았으나 항우의 주위에는 적군인 한나라 병사들만 가득할 뿐이었다. 항우는 이번 전투가 마지막 싸움이 될 것을 직감했다. 그리하여 그날 밤 지금까지 함께 싸워온 병사들과 마지막 결별의 주연을 베풀었다. '역발산기개세(力拔山氣蓋世)*'의 힘을 지녔던 항우였지만 운명적 패배 앞에서는 비애를 느낄 수밖에 없었다. 그리하여 항우는 자신의 마음을 담아 우희와 부하들 앞에서 '해하가'를 읊조렸다.

> '나의 힘은 산을 뽑을 만큼 세고 나의 기개는 세상을 덮을 만큼 웅대하였도다 / 허나 지금 때는 나에게 불리하게 돌아가고 나의 애마인 추도 옴쭉달싹 못하는구나 / 추마저 오도가도 못 하는데 나는 과연 어찌할 것인가 / 우미인이여, 나의 사랑 우미인이여, 이제 그대를 어찌한단 말인가!'

항우의 '해하가'를 들은 우미인은 눈가가 촉촉이 젖어들었다. 우미인은 목젖까지 차오르는 슬픔을 참고 참으며 항우의 마지막 가는 길을 위해 검무를 추었다. 전쟁에 참패하여 항우 자신의 목숨도 위태로

* 역발산기개세(力拔山氣蓋世): 『사기』에 나오는 말로, 힘은 산을 뽑을 만큼 세고 기세는 세상을 덮을 만큼 웅대하다는 뜻.

운 때에 부인인 자신의 앞길을 걱정해 주는 항우의 깊은 배려에 감사했다. 그리고는 항우에게 자신에 대한 걱정 때문에 부담을 느끼고 제대로 싸우지 못할까봐 자결을 결심하면서 답가를 불렀다.

> '한나라의 기운이 이미 초나라 대지를 온통 뒤덮었고 / 지금 사방은 온통 초나라 노래로 가득한데 / 대왕의 의기 역시 이제 쇠해지고 있으니 / 내 구차하게 목숨을 연명한들 무엇하리'

춤이 끝나갈 즈음 우희는 참았던 눈물을 쏟아내면서 항우의 보검을 뽑아들어 자신의 가슴을 찔러 자결하고 말았다. 생이별보다 차라리 죽음을 택한 한 여인의 갸륵한 용기였다. 이 모든 연회를 지켜본 항우는 우희의 자살이 헛되지 않게 하기 위해 주먹으로 눈물을 닦으며 사력을 다해 탈출을 시도했다. 그리하여 드디어 오강(烏江)에 이르렀지만 항우는 더 이상 물러날 곳이 없음을 알고 주저앉아 버렸다. 자신에게 가장 소중했던 병사와 부인을 함께 잃어버린 패장에게 남은 것이 아무 것도 없다는 사실에 온몸의 기운이 빠져버린 것이었다. 사랑하는 사람도 이 세상에 없고, 고향을 떠나 올 때 데리고 온 수백 명의 장수도 온데간데없이 사라져 버렸는데 혼자 살아 무엇하며, 또 돌아가면 그들의 부모 얼굴을 어떻게 볼지 눈앞이 캄캄해졌다. 살아야겠다는 의욕을 잃어버린 항우는 결국 스스로 자신의 목을 찔러 자결하고 말았다. 그 후 우미인의 무덤 위에는 예쁘고 가련한 꽃이 피었다고 한다. 이 꽃을 본 사람들은 우미인의 넋이 꽃으로 환생한 것이라 하여 그때부터 '우미인초(개양귀비)'라 부르게 되었다.

하늘이 맺어준 사랑

우즈베키스탄

옛날 콩으라트 부족에 바이부라와 바이사라라는 형제가 살았다. 형 바이부라는 콩으라트 부족의 왕이었고 동생 바이사라는 형을 도와 부족을 이끄는 역할을 했다. 오랫동안 자식이 생기지 않아 걱정이었던 두 형제에게 동시에 아기가 생겼는데 신기하게도 한날한시에 형 바이부라는 아들 하킴을, 동생 바이사라는 바르친이라는 딸을 얻게 되었다. 당시 법에 따라 하킴과 바르친은 태어날 때부터 약혼자가 되었다.

하킴은 어려서부터 힘이 세고 용감하여 알빠므시(장사)라는 별명을 가졌다. 아무도 들지 못하는 활을 들고 독수리를 맞추어 사람들을 놀라게 했으며 힘으로는 아무도 그를 당해낼 자가 없었다.

어느 날, 부족을 다스리는 문제로 형 바이부라와 동생 바이사라는 크게 다투었다. 결국 화를 참지 못한 바이사라는 가족을 이끌고 칼므크 부족이 사는 곳으로 떠났다.

세월이 흘러 바이사라의 딸 바르친은 어여쁜 처녀로 성장했다. 바르친이 결혼할 나이가 되자 많은 청년들의 청혼이 이어졌다. 칼므크 부족 왕의 아들 코갈다시도 바르친을 아내로 맞이하고 싶어 했다. 청혼하는 청년들의 발길이 끊이지 않자 바이사라는 격투기 시합을 통해 제일 용맹스럽고 힘이 센 자를 딸과 혼인시키기로 결심했다. 아버지의 뜻을 전해 들은 바르친은 어려서 헤어진 약혼자 알빠므시 생각에 조바심이 났다. 어린 나이였지만 꼭 자신과 결혼하겠다고 약속했던 알빠므시의 모습이 떠올라 바르친은 서둘러 알빠므시에게 편지를 썼다.

'알빠므시! 당신은 벌써 저를 잊으신 건가요. 저는 당신을 한 번도 잊어본 적이 없습니다. 지금 칼므크에서는 저와 결혼할 신랑감을 고르기 위한 시합이 벌어지고 있답니다. 당신이 오시지 않는다면 저는 시합에서 이긴 사람의 아내가 될 수밖에 없습니다. 저를 잊지 않으셨다면 빨리 오셔서 저를 구해 주세요.'

바르친의 편지를 받은 알빠므시는 한걸음에 칼므크로 달려갔다. 칼므크에서는 이미 족장의 아들 코칼다시와 카라잔이라는 남자 둘만의 마지막 시합이 벌어지고 있었다. 마지막 시합인 만큼 막상막하로 둘만의 힘겨루기가 팽팽하게 진행되고 있었다. 그러다 카라잔이 뒤로 넘어지면서 코칼다시의 칼이 카라잔의 목을 겨누게 되었다. 코칼다시는 비정한 눈빛으로 카라잔을 한 번 쳐다본 뒤 칼을 머리 위로 치켜세웠다 힘껏 내려쳤다. 그 순간 얼굴을 가린 한 남자가 나무봉 하나로 코칼다시의 칼을 멀리 걷어냈다. 이 숨 막히는 광경을 바라보던 사람들에게서 "죽여라! 죽여라!"라는 외침이 터져 나왔다. 코칼다시에게 다시 칼이 쥐어졌다. 졸지에 시합에 끼어들게 된 이 남자는 겨우 나무봉 하나로 칼과 맞서 싸우게 되었다.

또 숨막히는 격투가 벌어졌다. 그러나 곧 코칼다시의 칼이 밀리기 시작했다. 그건 칼과 나무봉과의 싸움이 아니었다. 힘과 지략의 싸움이었다. 곧 또다시 코칼다시의 칼이 공중으로 날아가고 얼굴을 가린 남자의 나무봉이 코칼다시의 목을 겨누고 있었다. 바이사라는 시합을 중지시키고 얼굴을 가린 남자를 앞으로 불러냈다.

"어디 사는 누구시오?"

"예! 저는 콩으라트에서 온 하킴이라고 합니다."

알빠므시가 얼굴을 가렸던 수건을 벗어내자 바이사라는 깜짝 놀랐다.

"아니, 네가 어떻게……."

"작은아버지! 저와 바르친은 태어나기 전부터 하늘이 맺어준 인연입니다. 바르친과 결혼하고 싶습니다. 바르친을 제게 주십시오."

바이사라는 비록 형과의 다툼으로 고향을 떠나 이곳에 와 있게 되었지만 세월이 지나면서 속으로는 형과 고향이 늘 그리웠다. 게다가 알빠므시의 용맹스러움은 콩으라트와 칼므크를 통틀어서 당해낼 자가 없음을 알기에 사윗감으로서도 손색이 없었다. 다만 족장의 아들 코칼다시가 문제였다. 이미 시합이 시작됐을 때부터 족장은 바르친과 아들의 혼례를 기정사실화하고 벌써 많은 준비를 하고 있었기 때문이다. 이렇게 된 이상 바이사라는 알빠므시에게 바르친을 데리고 빨리 콩으라트로 돌아가라고 했다. 그렇게 고향으로 돌아온 알빠므시는 곧

바로 바르친과 결혼식을 올렸다.

몇 년이 지난 어느 날, 칼므크의 왕이 죽고 코칼다시가 왕이 되었다. 코칼다시는 당장에 바이사라를 잡아들여 모진 고문과 악행을 저질렀다. 알빠므시의 이복동생인 칼자르로부터 이 소식을 전해 들은 알빠므시는 즉시 부하들을 데리고 칼므크로 갔다. 그러나 칼므크로 들어서자마자 알빠므시는 이미 매복하고 있던 코칼다시의 군사들에게 잡히고 말았다. 그 자리에서 부하들은 죽임을 당했고 알빠므시는 초죽음이 된 상태로 어느 지하 동굴 감옥에 갇히고 말았다.

7년이라는 시간이 흘렀다. 어느 날 밤, 한 남자가 몇몇 사내들을 이끌고 감옥에 와 알빠므시를 구해 주었다. 이 사람은 예전에 마지막 시합에서 알빠므시의 도움으로 살아났던 카라잔이었다. 감옥을 순찰하며 죄수들을 관리하는 일을 하던 중 낮에 이곳에서 알빠므시를 보게 된 것이다. 카라잔의 도움으로 풀려난 알빠므시는 곧장 궁으로 달려가 코칼다시를 죽이고 작은아버지이자 장인인 바이사라를 구했다. 그리고 왕의 자리에 카라잔을 앉혔다.

이렇게 7년이라는 시간이 흐르는 동안 콩으라트에서도 큰 일이 있었다. 바로 칼자르가 아버지 바이부라를 죽이고 왕의 자리를 차지한 것이었다. 칼자르는 자신에게 반기를 들었던 많은 왕족들과 충신들을 사지로 내몰았다. 그리고 형수인 바르친을 자신의 아내로 맞기 위해 강제로 결혼식을 올리려 하고 있었다.

"이제 그만 알빠므시 형은 잊으시오. 형은 이미 7년 전, 칼므크에 도착하자마자 죽었소. 형과 같은 장사가 어떻게 죽게 됐는지 아시오?

당신의 아버지가 코칼다시에게 잡혀간 사실을 형에게 알려 준 사람이 나였소. 그리고 형이 칼므크로 떠나기로 한 날짜를 코칼다시 왕에게 알려 준 것도 나였소. 코칼다시에겐 굴욕과 치욕의 대상인 알빠므시가 필요했고, 알빠므시만 없다면 난 콩으라트의 왕이 될 수 있기에 코칼다시와 난 일종의 계약을 맺은 셈이오. 자, 이젠 미련을 버리고 내 말을 따르는 게 좋을 것이오. 알빠므시는 죽었지만 그대의 아비는 아직 살아있지 않소. 나와 결혼해 준다면 그대의 아비를 이곳으로 오게 해서 함께 살 수 있게 해 주겠소."

이 모든 일이 다 칼자르와 코칼다시의 계략임을 알게 된 바르친은 아무 말도 하지 않았다. 벌써 아무 말도, 아무 것도 먹지 않은 지가 열흘째였다. 하지만 바르친의 마음과는 상관없이 결혼식은 강행되었고, 드디어 결혼식이 열리게 되었다.

바르친의 마음과는 달리 화창한 날씨 속에 성대한 결혼식이 시작되었다. 칼자르는 본격적인 결혼식 시작에 앞서 알빠므시가 쓰던 활을 내려놓았다. 그리고 관중들에게 그 활을 당길 수 있는 사람에게 큰 상을 내리겠다고 했다. 많은 사람들이 줄을 지어 도전했다. 그러나 어느 누구도 그 활을 당기기는 고사하고, 들지도 못했다.

이런 꼴을 보며 재미있어 죽겠어 하던 칼자르의 눈이 휘번덕거리게 되었다. 수건으로 얼굴을 가린 한 남자가 앞으로 나오더니 가볍게 활을 들어 과녁을 향해 화살을 쏜 것이다. 많은 관중들의 이목이 집중된 가운데 재빨리 방향을 바꾼 남자는 활시위를 당겨 순식간에 칼자르의 심장을 향해 화살을 날렸다. 자신의 심장에 꽂힌 화살을 빼내려던 칼자르의 눈에 알빠므시의 얼굴이 나타났다.

알빠므시의 얼굴을 보자마자 바르친은 정신을 잃었다. 그리고 조금 후에 앙상한 뺨 위로 뜨거운 눈물을 흘리면서 바르친이 깨어났다. 두 사람의 뜨거운 포옹을 시작으로 결혼식은 성대한 왕위 제위식으로 바뀌어 치러졌다. 그리고 후에 알빠므시의 노력으로 콩으라트와 칼므크는 통일이 되었다.